내가 컴퓨터를 배워서
할 수 있는 일이 뭐 있을까

21세기 여성의
컴퓨터 직업찾기

신 정 애 지음

현민시스템

컴퓨터 우먼의 직업이야기

젊을 때 사람들은 정보에 목이 마르다. 정해진 것은 아무 것도 없고 모든 것이 불확실하며 희망은 턱없이 높고 불안은 심연처럼 깊다. 모든 것이 중요하며 어떤 것이 갑자기 더 중요해질지 몰라, 오매불망 누군가를 기다리는 사람처럼 지는 잎과 부는 바람에 놀라며 촉각을 곤두세운다.

이 책은 컴퓨터 관련 직종의 정보에 목마른 여성들을 위해 기획되었다.

따라서 컴퓨터 분야에 종사하는 전문직 여성을 다각도로 취재·인터뷰하여 직종을 탐색하였고, 컴퓨터 분야 진출을 희망하는 여성들에게 정확한 진로를 모색하는데 도움을 주고자 하였다. 현업에 종사하는 여성들을 직접 만나 전문가의 길을 들어봄으로써 취업을 준비하는 여성들에게 직업에 대한 동기를 부여하고, 나아가 컴퓨터 전문직에 도전하여 성공할 수 있다는 비전을 제시하는데 주안점을 두었다.

이 책은 한 마디로 컴퓨터 우먼의 '직업이야기'이다. 컴퓨터 분야에서 일하고 있는 여성전문가들은 어떤 경로를 거쳐 이 분야에 들어왔으며, 그들이 하는 일은 구체적으로 무엇인지, 컴퓨터 직종을 희망하는 여성들이 미리 알아두어야 할 체크포인트는 무엇인지를 그들의 육성으로 전달하기 위해 발로 뛴 기록이다.

인터뷰를 하면서 느낀 점은 여성들이 컴퓨터와 운명적으로 만났다는 점이다. 애초부터 컴퓨터 사이언스(Computer Science)의 기본적인 부분을 인식하고 계획을 세워 전산학을 전공한 것이 아니라 '우연히', 실로 우연히 전공과 상관없이 컴퓨터 분야에 뛰어들게 된 점이다. 이것은 무엇을 뜻하는 것일까. 물론 전공이 필수인 부분을 배제하고도 응용(Application) 분야를 중심으로 할 수 있는 일이 전산 쪽에는 무궁무진하며 이 추세는 앞으로 더욱 가속될 전망이다. 하지만 앞서의 선배 여성들처럼 각 장르에 대한 혼돈과 갈등으로 시간낭비하는 일을 줄이기 위해서라도 이 책이 '우연을 필연으로' 바꾸는 데 기여했으면 한다. 다시 말해서 계획을 갖고 준비하는 가운데 정확한 직종을 만날 수 있는 계기가 되었으면 하는 바램이다.

　이 책을 위해 흔쾌히 인터뷰에 참여해주신 40여 분의 컴퓨터 우먼들에게 감사드리며, 그들의 간곡한 요청을 무시할 수 없어 몇몇 사람은 가명을 사용했음을 밝혀둔다. 더불어 이 책의 필요성을 공감하고 선뜻 출판에 응해주신 현민시스템의 이화순 사장님과 이인자 이사님, 그리고 많은 협조를 아끼지 않았던 현민 식구들에게 고마운 마음 전하고 싶다.

1994년 1월에

신정애

컴퓨터는 하나의 도구

농경의 '발명'으로 인류가 야만에서 문명으로 이행되었듯, 컴퓨터의 발명으로 인간은 또 다시 새로운 문명에 눈뜨게 되었다. 이제 21세기를 눈앞에 둔 우리는 컴퓨터와 통신의 결합으로 농경의 발명 이후 최대의 문명적 분수령을 넘고 있다.

현재 우리가 겪고 있는 기술혁명의 영향은 어느 정도일까. 그것은 우리가 과거에 경험했던 그 어느 시대의 변화보다 엄청나게 크고 빨라서 우리를 당혹스럽게까지 한다. 아니, 인류역사상 최대의 변화를 겪고 있다고 해도 과언이 아니다. 기술혁신이란 단순히 기계와 기법을 결합하거나 재결합하는 것만을 의미하지는 않는다. 중요한 새 기계들은 다른 기계들의 변화를 암시하거나 강요하는 데 그치지 않고 사회적·철학적 문제들과, 심지어 개인적인 문제들까지 새로운 해결책을 제시해 준다. 그것들은 인간의 총체적인 지적 환경, 즉 인간의 사고방식과 세계관도 변화시킨다.

컴퓨터의 등장으로 인간을 보다 큰 체제 내에서 상호작용하는 부분으로 보는 관념들이 확산되고 있다.

정치학에서 심리학에 이르기까지 모든 학문분야가 컴퓨터의 발명과 보급에 의해 촉발된 여러 가지 상상력 넘치는 가설들에 의해 영향을 받고 있는 것이다. 이 흐름은 앞으로 더 계속될 것이며, 기술혁신 사이클은 스스로의 힘에 의해 가속이 붙게 될 것이다.

'미래쇼크'라고 불리는 것으로부터 살아 남기 위해 우리는 지금부터 무엇을 어떻게 할 것인가. 각 개인은 기존의 것을 파괴하고 새 것을 건설하지 않으면 안 되며, 시대 속에 자기자신을 자리매김할 새로운 방법을 찾아내야만 한다. 이제는 모든 낡은 가치들—종교·국가·공동체·가정·직업들에 대한—이 거대한 물결에 뒤흔들리고 있기 때문이다.

이제 컴퓨터는 인간생활에 필요한 하나의 도구가 되었다.

직업과 관련해서만 보더라도 '컴퓨터'라는 도구를 이용한 직종이 늘어나고 있다. 컴퓨터 분야는 여러 직종에 걸쳐서 도구만 있으면 시간과 장소에 구애받지 않고 일할 수 있다는 장점 때문에 근무형태에 혁신이 올 것으로 예상되며, 또한 여성적인 섬세함을 요구하는 일들이 많아 정보화 사회의 여성진출은 더욱 크게 증가할 것으로 보인다. 이 책의 기획방향이 컴퓨터를 전공해야만 가능한 직종보다는 컴퓨터를 도구화할 수 있는 분야에 집중한 것도 바로 이같은 이유에서이다. 모든 분야에서 컴퓨터는 하나의 도구화가 되고 있으며, 이 추세는 앞으로 급속히 확대되어나갈 것이 분명하므로 여성 자신이 주체가 되어 새로운 직업을 계속 창출해 나가야 할 것이다.

차례

❶
프로그래머
'깡통'에 지식을 부여하는 사람

"한
통계에
의하면 2천년에는
46만명의 프로그래머가
필요할 것이라고 한다. 지금도 많은
여성전산인력이 현역에서 활동하고 있지만
막상 고급의 기능을 수행하는 여성의 수는 생각
보다 적다. 컴퓨터가 만들어내는 직업세계의
변화는 예측불가능할만큼 빠르고 다양
하게 변화하기 때문에 처음 이
직종을 선택하려는 여성들은
치밀하게 준비해야
한다."

에이다 러브레이스(Ada Lovelace).

영국시인 바이런의 외동딸이자 세계 최초의 프로그래머. 세계 최초의 프로그래머가 여자라는 사실은 이 글을 쓰는 필자에게 더운 여름날의 신선한 바람같은 기운을 느끼게 해준다.

그레이스 호퍼(Grace Hopper).

그녀는 체구는 작지만 컴퓨터 프로그램개발의 여장부이다. 일찌기 컴퓨터 업계에 그녀보다 더 열성적인 사람이 없었다. 만약 그녀가 선거운동원으로 일했다면 그녀가 자원한 후보들을 당선시켰을 것이다. 사람들은 그녀를 '마크(Mark) 1의 에이다 러브레이스'라고 부른다.

에이다 러브레이스가 베비지(Charles Babbage)의 분석엔진 (Analytical Engine) 프로그램을 개척했듯이 호퍼는 마크 1의 계산능력을 향상시키는데 혼신의 노력을 다했다.

분석엔진은 끝내 완성되지 않았으나, 지금 쓰이고 있는 전자식 컴퓨터의 원리가 대부분 호퍼에 의해 적용되었다. 호퍼는 마크 1의 개발에 직접 참여한 이래 계속해서 그 기계에 필요한 소프트웨어 개발업무를 담당했다. 그녀는 영어 DB컴파일러를 처음 개발했고, 그것을 바탕으로 현재 가장 널리 쓰이고 있는 프로그램 언어 중 하나인 COBOL을 개발했다.

호퍼는 또한 '디버그(Debug)'라는 말을 처음 만들어낸 사람으로 알려져 있다. 어느 날 마크 1이 다운(down)되었는데 아무리 살펴보아도 어디에 고장이 났는지 알 수가 없었다. 한참 뒤에야 고장의 원인이 릴레이에 죽은 나방 한 마리가 붙어 있었기 때문이라는 것을 알았다. 그 소동 이후로는 컴퓨터에 이상이 생기기만 하면 "컴퓨터에 '벌레(bug)'가 생겼다"고 말했고 어떤 작업을 하고 있느냐고 물으면 '벌레잡기(debugging)'하고 있다고 말하기 시작했다고 한다.

1949년 호퍼는 소프트웨어 하우스에 취직하여 주로 바이낵(Binac)과 최초의 상업용 컴퓨터인 유니백(Univac)의 프로그램 개발에 관여했다. 79세의 지칠줄 모르는 호퍼는 또다시 새로운 일거리를 찾아냈으니 그것이 바로 데크사였고, 맡은 일은 순회대변인이었다. 이쯤되면 사람들이 그녀를 '여장부 그레이스'라고 부르는 것도 무리는 아니리라.

컴퓨터에 관련된 직업 중 일반에게 가장 많이 알려진 직업이 프로그래머가 아닐까. 고철덩이에 불과한 상자에 지식을 부여하는 사람들, 컴퓨터 프로그래머.

프로그래머는 새 정보나 통계들을 기술적이고 과학적으로 처리하는데 컴퓨터를 이용하기 위해 프로그램을 계획하

거나 작성하는 일을 한다. 좀더 구체적으로는 기호공식을
해결하여 순서도와 일람표를 작성하는 일, 수학적인 지식을
이용한 합성방정식의 부호화, 프로그램의 적절성을 검증하
기 위한 표본 입력자료의 고안, 개발에 필요한 자료수집 등
이 프로그래머가 하는 일이다.

다소 어렵게 느껴지는 이 작업을 (주)아남산업 정보시스
템부에서 프로그래머로 일하고 있는 홍란희 씨(28세)의 얘
기를 통해 들어보자.

"전산학을 전공하고 기업체 전산실에 입사하자마자 고상
한 일만 한다고 생각하면 큰 오산이죠. 저는 전공을 했음에
도 불구하고 업무를 거꾸로 배웠어요. 90년 8월에 입사해서
3개월 교육을 거치고 곧바로 자재, 구매, 관리에 대한 프로
그램 개발업무에 들어갔습니다. 하지만 이 회사에 오기 전
다른 컴퓨터회사에 1년 반 동안 근무한 것을 생각하면 그
경력은 완전히 무시된 거나 다름없어요. 수습사원과 같이
교육받고 시작했으니까요."

그녀는 전남대 전산통계학과를 졸업했다. 그러나 고등학
교 때부터 전산계통을 희망한 것은 아니었다. 의대를 목표
로 공부하다가 점수가 모자라 전산과를 지망하게 되었다.

대학에 들어와보니 그와 같은 케이스가 상당히 많았다.

의대나 치대 못 간 사람이 많이 지망했다는 것을 알고 우리
나라 대학입시제도에 문제가 많음을 실감했다고 한다. 그러
나 정작 고행길은 그녀의 '직업찾기'에서부터 시작된다.

지방대학이라는 핸디캡, 여자라는 이유, 정보의 부재, 정
확한 가이드가 없으므로 해서 오는 막막함……

그녀는 '무작정 상경'을 단행했다. 아니, 그것은 '무작정'이
라고 말할 수 없는 것이었다. 취업이라는 목표를 달성해야
만 하는 절대절명의 과제가 있었으므로 결코 '무작정'이 될
수가 없었다.

졸업 후 서울와서 잡은 첫 직장은 한국종합전산. 직원이
250명 정도 되는 하드웨어 개발회사였는데 그녀는 이 회사
에서 배운 게 별로 없다고 말한다.

"지방대학 학생들의 취약점이 바로 그거예요. 회사에 대
한 정보가 전혀 없다는 거죠. 대학이라는 곳이 비교적 고급
정보가 많이 흘러다닌다고 하지만 지방대학은 꼭 그렇지도
않은 것 같아요. 저의 경우는 워낙 정보가 약하다보니 컴퓨
터 회사라는 것만 알고 그냥 들어갔던 거예요. 특히 여학생
들의 경우 직장얻기가 하늘의 별따기니까 이것저것 재고
가리고 할 형편도 못되지요. 소프트웨어 개발 쪽보다는 모
니터를 개발하는 회사였기 때문에 저는 1년반 동안 세월을

허비했다는 생각만 들었어요."

이 때가 89년 4월이었는데 그녀는 이 경험을 통해 졸업 후 첫길을 어떻게 잡느냐가 제일 중요하다고 강조한다.

그녀는 1년 반 만에 회사를 그만두었다. 더 이상 우유부단하게 있어서는 안되겠기에 사표를 내고 여기저기 이력서를 제출했다. 전 직장에서의 경력을 실질적으로 인정받기도 어려웠고 한 군데만 지원해서 된다는 보장도 없었다. 그녀는 공개채용때 자신의 경력을 무시하고 신입사원으로 입사 지원서를 썼다.

그런데 엉뚱한데서 복병을 만난 것이다. 필기시험에서는 다 붙었는데 면접에서 꼭 떨어지는 이유는 무엇일까. 힘 쓰는 일도 아니고 머리 쓰는 일에서 여성을 기피하는 이유를 알 수 없었다.

"여잔데 프로그램 업무 말고 다른 업무도 병행할 수 있겠느냐고 하더군요. 예컨대 차심부름하고 팩시밀리, 복사해오고 하는 일을 말하는 것 같았어요. 그래서 전산업무를 맡고 있는 이상 전산이 주업무이고 기타 일이 부수적인 거라면 당연히 해야겠지만, 저는 프로그래머이기 때문에 커피, 팩시, 복사하는 일이 주이고 전산일이 부수적이라면 할 수 없다구요. 또 지사근무를 할 수 있느냐고 묻더군요. 그래서 광

주에서 서울에 입성하기까지 얼마나 힘들었는데 다시 지방으로 간다는 건 너무 괴로운 일이라고 했지요. 하여튼 저는 이때 하고 싶은 말 다했어요. 어차피 떨어질 거라면 하고 싶은 말이나 실컷 하고 떨어져야겠다고 애초부터 마음먹고 면접에 임했습니다."

아남산업에서 합격통지서가 왔다. 의외의 결과였다. 그녀는 이해할 수가 없었다. 그녀의 표현대로 '시건방지게' 면접하고 왔는데 왜 내가 뽑혔을까. 그러나 이 회사 경영진의 사고(思考)가 첨단산업답게 앞서가는 것 같다고 생각했다. 그녀는 이 정도라면 열심히 일하고 싶은 회사라고 생각했다.

"면접 끝나고 나오면서 우연히 전산실 직원을 만나 회사 전반에 대해 물어보았습니다. 예전 회사보다 훨씬 나은 것 같다고 느꼈지요. 여자라고 해서 불이익이 없고, 임금과 승진도 남녀차별이 없었습니다. 나중에 알고 보니 제가 대졸 여사원 공채로는 제1기라고 하더군요. 그동안 취업 때문에 고생한 보람이 있다고 생각했습니다. 최근에 대리, 차장으로 승진한 여자분도 있으니 저만 열심히 하면 아주 좋은 직장이라고 생각해요. 복지후생 면에서도 그렇구요."

그녀는 말한다. 일단은 실력을 확실하게 다져놓고 입사할 때나 입사 후에도 자신의 견해를 진솔하고 당당하게 표현할 줄 알아야 한다고.

특히 프로그래머에게는 논리적 사고, 분석적 사고도 필요하지만 포괄적 사고, 입체적 사고가 더욱 중요하다고 말한다. 또한 스페셜리스트들이 한 분야에만 집착하면서 빠지기 쉬운 편협성을 제일 경계해야 한다고 강조한다.

"물론 한 부분의 전문가라는 것도 대단히 중요하지요. 그러나 요즘 추세가 통합시스템으로 가고 있는 것으로 볼 때, 5년 후 10년 후의 상황을 내다보려면 종합적 시각이 요구됩니다."

그녀는 컴퓨터 인력들의 이동이 심한 것도 긍정적으로 본다. 개인한테는 그것이 다양한 업무, 다양한 프로젝트, 다양한 기종을 경험할 수 있는 좋은 기회라고 생각한다.

그녀는 요즘 다시 바빠졌다. 입사초기에 개발했던 자재, 구매, 관리 프로그램을 요즘에 와서 다시 개선할 필요가 생겼기 때문이다. 앞으로도 당분간은 이 작업을 해야할 것 같다. 아남산업은 전산실 직원 24명 중 프로그래머 14명, 이중 여성은 4명이다. 그녀는 지금 하고있는 자재·구매만이라도 똑떨어지게 하고 싶어한다. 그런 다음에 여러 시스템을 경험해보고 싶다고 한다. 앞으로는 모든 업무를 알지 않으면 곤란하기 때문이다.

"저희 부서도 세대교체가 되고 있어요. 많은 것을 배울 수 있는 좋은 기회라고 생각해요."

그녀는 새로운 프로젝트를 할 때마다 자신의 업무수준도 높아지기를 희망한다. 그러려면 자기 스스로의 준비가 필수적이라는 것도 잘 알고 있다. 이것은 제2의 에이다 러브레이스, 제2의 그레이스 호퍼를 꿈꾸는 모든 여성들에게 해당되는 말이 아닐까.

홍란희 씨는 직장생활을 하면서 제일 싫어하는 사람의 모델을 세워놓고 부정적 교훈을 얻는다.

＊ 연공서열만 주장하는 사람

＊ 있어도 그만, 없어도 그만인 사람

＊ 자신의 생각을 남에게 강요하는 사람

그녀는 이런 사람이 되지 않기 위해 노력한다. 어느날 자신도 이런 사람이 되지 않을까 늘 염려한다. 이런 생각이 들 때면 끔찍하다고 한다.

쉽게 안 넘어가고, 따지기 좋아하고, 자신에게 엄격한 성격 때문에 그녀는 대학다닐 때부터 몇손 안에 꼽히는 사람으로 소문났지만, '웬만하면 대충 넘어가지…'하는 사람은 프로그래머로서 적당하지 않다는 지론을 갖고 있다.

"대충대충 시간 때우면 그만이라는 식의 여성들은 자기

혼자만 욕먹는 게 아니라 그 다음에 오는 후배들의 길을 막는다는 생각을 했으면 해요. 우는 아이 젖준다는 말처럼 모르면 물어야 하고, 의심나는 건 따져야 하고, 잘못된 것은 욕을 먹더라도 개선해야 한다고 생각합니다."

그녀가 하는 일이 다른 사람의 협조를 얻어야 하고 안 되는 것은 차단할 필요도 있기 때문에 '사람과의 관계'가 제일 어렵다는 홍란희 씨는 업무 때문에 오해가 생겼을 때가 제일 안타깝다고 한다.

"사람들이 컴퓨터를 너무 어렵게 생각하는 것 같아요. 사실은 별거 아니거든요. 사용자(User)들이 프로그래머에 대한 기대가 너무 큰 나머지 우리가 해결사처럼 보여질 때는 난감하지요. 그래서 요즘은 실무자가 요구하는 게 뭔지, 그들이 필요로 하는 게 뭔지를 파악하기 위해 프로그램 개발할 때나 시스템을 분석할 때 실무자를 꼭 참석시키지요."

한 통계에 의하면 2천년에는 46만명의 프로그래머가 필요할 것이라고 한다. 전산직종은 앞으로도 많은 수요가 예상되고 지금도 많은 여성전산인력이 현역에서 활동하고 있지만 막상 고급의 기능을 수행하는 여성의 수는 생각보다 적다.

프로그래머의 머리를 소유하고 있으면서도 키펀처로서

만족한다든가, 전문직이라는 화려한 외형에 안주하는 여성
이 의외로 많은 것같다. 컴퓨터가 만들어내는 직업세계의
변화는 예측불가능할만큼 빠르고 다양하게 변화하기 때문
에 처음 이 직종을 선택하려는 여성들은 치밀하게 준비해·
야 한다.

비전공자가 프로그래머를 희망할 경우, 컴퓨터 교육기관
은 시중에 무척 많지만 학원의 특성을 잘 파악한 후 강의를
듣는 것이 좋다. 일반 사설학원에서부터 컴퓨터 업체가 운
영하는 보다 전문적인 학원, 그리고 각 대학의 전산교육원,
KAIST(한국과학기술원)의 전문교육과정, 프로그래머들이
운영하는 정예요원 양성 등 단계별로 다양한 교육기관이
있다.

고등학교를 졸업했거나 전산전공자가 아닌 사람은 사설
학원에서 프로그래밍 과정을 이수하고, 학원측의 취업 추천
을 받는다. 또 다른 경우는 정보처리기사 자격증(1급 또는 2
급)을 취득하고 본인이 스스로 공채에 응시하는 방법이 있다.

이외에도 대기업 컴퓨터 교육센터의 교육생 모집 공고를
보고 자신의 목표에 맞는 과목을 신청하면 된다. 이런 경우
각 회사의 인력 담당부서에 전화해 교육생 모집 일정 계획
을 알아두고 준비하면 훨씬 유리하다. 대부분 6개월 정도의

기간이면 기본적으로 컴퓨터를 운용할 수 있는 수준이 되지만 곧 프로그래머로서의 실력을 갖게 되는 것은 아니다. 자신의 적성과 실력의 수준이 맞을 때만이 프로그래머로서, 또는 컴퓨터 분야에서 성공할 수 있을 것이다.

❷
시스템 분석가

셜록홈즈의 통찰력과
카네기의 추진력을 지닌 사람

"시스템
분석가가 되기
위해서는 컴퓨터 프로그래밍
이외에도 광범한 전산지식, 현업에
대한 이해, 회사의 미래에 대한 예측능력,
문제해결능력, 의사소통 및 대인관계 기술 등을
갖추어야 합니다. 물론 소프트웨어를 개발할 때
생산성에 대한 이해도 있어야겠지요. 예컨대
'티코'를 가지고 '그랜저'의 성능까지
낼 수 있도록 개선해 주는 것이
시스템 분석가의 임무
라고 봅니다."

정보사회의 도래와 더불어 시스템 분석가가 인기직종으로 부상하고, 그 역할도 중요해진 것이 사실이다. 하지만 거액의 돈을 들여 구축한 정보처리시스템이 소기의 문제해결 수단으로서 역할을 다하지 못하고 실패로 끝난다면 시스템 분석가의 역할과 자질은 새로운 이슈로 등장하게 될 것이다.

흔히 S.A라고 불리는 시스템 분석가(System Analyst)는 컴퓨터에 기초한 정보처리시스템을 개발할 때에 시스템 분석과 설계를 행하는 사람을 일컫는다.

사전적 의미로는 '과학적, 공학적, 기술적인 문제에 관한 수학적 모델을 정립하여 컴퓨터에 응용, 제반 공학문제의 논리적 분석을 수행하는 사람'으로 해석할 수 있다.

미국의 경우는 구인광고에 시스템 분석가라는 용어가 자주 등장하며 회사직제에도 정식직함으로 들어가 있으나, 우리나라는 아직 보편화되어 있지 못하다. 이는 아마도 시스템 분석에 대한 인식이 부족한 탓으로 시간이 지나면서 점차 바뀔 것으로 보인다.

시스템 분석가란 용어가 처음 등장한 것은 산업혁명 당시이다. 공장생산이 보편화됨에 따라 '기계와 근로자를 어떻게 하나의 시스템으로 결합하여 생산능률을 향상시킬 수 있는가' 하는 방법을 연구하는 사람을 시스템 분석가라고 칭했다.

그렇다면 '시스템 분석'이란 무엇인가. 시스템 분석이란 현행시스템과 그것이 안고 있는 문제점의 원인을 이해하고, 사용자의 요구를 파악하여 컴퓨터를 이용한 문제해결책을 제시하는 과정이라고 말할 수 있다.

부엌가구 전문업체인 (주)한샘 정보기술연구소에서 시스템 분석가로 일하고 있는 서진희(41) 씨. 그는 KIST(한국과학기술연구원)에 근무하던 16년 동안 많은 소프트웨어 패키지를 개발했다. 주식관리, KIST 경영정보시스템, 서울올림픽조직위원회의 회계관리시스템, 아시안게임 근대5종경기 관리시스템 등이 그녀의 작품이다. 이외에도 럭키개발, 삼익악기, 극동정유 등 다수 기업의 업무전산화에 참여한 경력이 있는 서진희 씨는 시스템 분석가의 역할에 대해 이렇게 말한다.

"시스템 분석가가 다루는 것은 컴퓨터 프로그램에만 국한되지 않습니다. 기업에 도움을 주는 시스템을 탄생시키기 위하여 다양한 시스템 구성요소들을 한데 잘 묶어야 합니다. 컴퓨터 장비선정은 물론 시스템을 누가 사용할 것인가, 시스템 운영절차는 어떻게 할 것인가, 파일과 데이터베이스는 어떻게 구성·운영할 것인가 등에 관해 책임을 져야 합

니다. 또한 대인관계가 무척 다양합니다. 시스템 분석가가 다루어야 할 사람은 이용자 뿐만 아니라 프로그래머, 각급 부서장, 컴퓨터 조작요원 등으로 이들 모두가 제각기 다른 목적과 동기를 가지고 있기 때문에 경우에 맞게 대처해야 합니다."

시스템 분석가는 전산시스템 이용자, 즉 일반직원들과 컴퓨터 프로그래머 간에 교량역할을 한다. 시스템이용자는 컴퓨터의 능력이나 용도, 한계 등을 제대로 이해하지 못하여 전산부서에 대해 터무니없는 것을 요구하거나, 아니면 전산화를 통한 업무처리 효율성 증대의 기회를 놓치는 경우가 비일비재하다. 또한 전산용어에 익숙치 못하여 프로그래머들과의 의사소통에 애를 먹기도 한다.

"컴퓨터에 바탕을 둔 정보처리시스템을 개발한다는 것은 최고경영층의 입장에서 볼 때는 거액의 자금을 요하는 투자행위입니다. 따라서 경영층에게 시스템 개발이 조직에 가져다주는 이익을 설명하고, 투자의 정당성을 입증하는 것은 시스템 분석가의 중요한 역할입니다. 이처럼 이용자, 프로그래머, 경영층의 3자 사이를 오가며 의사소통을 원활히 하고 애로사항을 타개하는 역할 때문에 시스템 분석가의 자격요건으로 의사소통 및 대인관계 기술이 강조되는 것입니다."

컴퓨터에 기반을 둔 경영정보시스템(MIS; Management Information Systems)을 도입한다는 것은 조직의 변화를 의미한다. 기구개편 등의 변화 뿐만 아니라 업무처리방식, 의사결정과정, 조직구성원 간의 역학관계 등에 변화가 오기 마련이다.

경영환경이 급변하는 오늘날과 같은 상황에서 기업이 살아남기 위해서 MIS의 도입은 시대적 추세이다. 중요한 것은 전산화를 책임지는 시스템 분석가는 비록 같은 회사에 근무한다 할지라도 사용자부서의 입장에서 보면 프리랜서 또는 외부컨설턴트라는 점이다. 그렇기 때문에 조직의 분위기나 구성원의 동기유발을 참작하여 여기에 맞게 처신해야한다. 실제로 MIS 담당자의 겸허한 자세, 점진적 접근방법등이 성공의 주요변수로 작용한 예도 많이 있다.

흔히들 컴퓨터 프로그래머로 3~5년의 경험을 쌓고나면 자동적으로 시스템 분석가가 되는 것으로 생각하기 쉽다. 그러나 프로그래머로서 성공을 거두었다고 해서 시스템 분석가로서 성공한다는 보장은 없다. 그 이유는 프로그래밍에 관한 지식이나 경험은 시스템 분석가가 수행하는 일의 일부분에 해당될 뿐이지 그것이 전부는 아니기 때문이다.

프로그래머로서 명성을 날리던 사람이 시스템 분석가가

되었을 경우 능력의 한계에 봉착하게 되면 시스템 분석가로서 제대로 기능을 발휘하지 못하며, 본인에게는 물론 회사에도 손실을 초래하게 할 수도 있다. 따라서 프로그래머와 시스템 분석가의 업무차이, 자격요건 등을 숙지하고 부족한 부분을 보충하는 노력이 뒤따른다면 능력있는 프로그래머가 능력있는 시스템 분석가가 될 확률이 높아지게 된다.

대부분의 기업체에서 컴퓨터 프로그래머로서 일정기간의 경험을 쌓으면 시스템 분석가로 승진시키는 것이 통례이다. 프로그래머로서 성공을 거두었다고 해서 훌륭한 시스템 분석가가 된다는 보장은 없지만, 반면에 프로그래머로서 빛을 발휘하지 못한 사람이 시스템 분석가로도 실패한다는 법도 없다.

서진희 씨는 컴퓨터 프로그래밍 경험은 시스템 분석가가 되기 위한 필요조건이지 충분조건은 아니라고 말한다.

"시스템 분석가가 되기 위해서는 컴퓨터 프로그래밍 이외에도 광범한 전산지식, 현업에 대한 이해, 회사의 미래에 대한 예측 능력, 문제해결능력, 의사소통 및 대인관계기술 등을 갖추어야 합니다. 물론 소프트웨어를 개발할 때 생산성에 대한 이해도 있어야겠지요. 예컨대 '티코'를 가지고 '그랜저'의 성능까지 낼 수 있도록 개선해주는 것이 시스템 분석가의 임무라고 봅니다."

　이러한 자격요건을 갖추기 위해서는 어떠한 과정을 밟아야 할까.

　전자계산학은 컴퓨터 자체에 관한 심도있는 연구를 위주로 하기 때문에 깊이는 제공하지만 시스템 분석가로서 필요한 폭넓은 교육은 제공하지 못한다. 따라서 전산학 전공자로서 시스템 분석가가 되기를 원하는 경우는 경영학이나 시스템 이론, 의사소통기술 등에 관한 폭넓은 지식과 탐구가 필요하다. 이처럼 개인적 노력으로 보완하는 경우도 있고, 학부 또는 대학원에서 경영정보학을 가르치는 과정이 있다. 한국 외국어대학교의 경영정보학과와 경영정보대학원이 바로 그곳이다.

　그러나 반드시 경영정보학을 전공해야만 시스템 분석가가 될 수 있는 것은 아니다. 이는 마치 전산학 전공자가 아니더라도 기업체 전산실에서 컴퓨터 프로그래머로 활약하는 사람이 많은 것과 같은 이치이다. 서진희 씨만 하더라도 서울대 가정대학 의류학과를 나온 경우이고, 같은 회사의 시스템 네트워킹 전문가인 조일순 씨(34)도 서울대에서 화학을 전공한 비전산전공자이다. 전산학 전공자든 아니든 시스템 분석가는 경영학이나 전산학 관련과목을 강의나 현업을 통하여 끊임없이 보충해 나가야 한다.

시스템공학연구소에서 10여년 간 일하다 92년 (주)한샘 정보기술연구소로 일터를 옮긴 조일순 씨는 하루가 다르게 변모하는 전산분야의 추세에 발맞춰 여성전산인들도 자신이 서있는 자리를 입체적으로 점검해보는 자세가 필요하다고 말한다.

"폐쇄된 공간에서 일에 파묻혀 그냥 흘러가는 것 같은 느낌이 들 때가 있어요. 전산실 사람들은 자기가 서있는 자리를 인식없이 그냥 지나치는 경향이 있지요. 또한 알려고도 하지 않구요. 공간적으로 타부서와 격리돼서 일하는데다가 프로젝트마다 기간을 정해 놓고 바쁘게 일하다 보니까 그것만이 자기 세계의 전부인 줄 알아요. 그러는 사이 새로운 정보기술변화에 둔감해지기도 합니다. 키펀처가 사양직종인 것처럼 프로그래머들도 자신의 입지와 관련해 끊임없이 고민하고 대비해야 할 줄로 압니다."

KIST에 입소한 지 6년만에 전국체전, 아시안게임, 서울올림픽 전산업무에 계속 참여, 이 분야에서 명성을 얻고 있는 조일순 씨의 말에 여성전산인들은 유의할 필요가 있을 것 같다.

한편 시스템 분석가로서 갖추어야 할 기본지식들은 전산

지식, 일반업무지식, 문제해결능력, 의사소통기술 등이다.

시스템 분석가에게 필요한 전산지식은 컴퓨터 프로그래밍 이외에도 컴퓨터 하드웨어와 소프트웨어, 시스템개발 방법론과 도구, 데이터베이스 관리시스템(DBMS), 자료통신과 컴퓨터 네트워킹, 소프트웨어 전문용역업체의 동향에 관한 지식을 포함한다.

따라서 프로그래머로서 활동하던 때에 비하면 훨씬 넓은 분야의 컴퓨터 지식을 필요로 한다. 그 이유는 시스템 분석가는 소프트웨어 개발에 따른 분석 및 설계 이외에도 컴퓨터 주변기기의 성능비교, 기종선정, 소프트웨어의 외주개발, DBMS의 도입 등의 문제도 처리해야 하기 때문이다.

더불어 컴퓨터 관련 자격증제도의 한계를 인식할 필요가 있다. 정보처리기사 자격증의 경우 그 획득에 많은 노력이 소요되는 것이 사실이다. 그러나 이에 대한 맹신은 금물이다. 오래 전에 자격증만 따놓고 최근의 기술동향을 등한히 하였다면 높은 생산성을 기대할 수 없기 때문이다.

전산지식의 습득을 위해서는 대학이나 대학원 과정에서의 전산학 전공도 한 방법이지만 일을 통해서 컴퓨터 관계의 전문서적이나 잡지들을 열심히 읽고 정보처리관련 세미나나 학회 등에 부지런히 참석한다면 큰 도움이 될 것이다.

시스템 분석가는 컴퓨터 이외에도 회계나 판매, 인사, 생산, 구매 등의 일반업무에 대해서도 알고 있어야 한다. 시스템 분석을 할 때 사용자들이 당면한 문제점과 해결책, 의사결정에 필요한 정보의 종류와 내용 등을 파악하는데 이러한 지식이 필요하기 때문이다.

어느 한 사람이 모든 분야의 전문가가 될 수 없는 것처럼 회계, 판매, 인사, 생산관리 등의 업무분야별로 시스템 분석가를 두는 기업도 있다. 그러나 규모가 작은 기업의 경우에는 한 사람의 시스템 분석가가 모든 분야의 전산화를 책임지는 경우도 있다.

시스템 분석을 할 때 시스템 분석가는 사용자와 '더불어' 문제의 원인파악과 해결책 모색에 임하는 것이지 시스템 분석가 독단으로 시스템을 구축하는 것이 아니다. 중요한 것은 시스템 분석가로의 승진 내지 역할변화를 원하는 프로그래머의 경우 컴퓨터 이외에도 일반 행정업무에 대해서 많은 관심을 가지고 계속 공부해야 한다는 것이다. 기본적으로는 책을 통해서 익히고, 다음으로 현업을 통해서 배운다면 시스템 구축에 보다 더 도움이 될 수 있다.

다음으로 시스템 분석가에게 요구되는 것은 문제해결능력 내지 기술이다. 즉, 문제의 핵심이 무엇인가를 기업 전체적인 관점에서 파악하고 이에 대한 대안을 비교 검토한 뒤 최선의 방법을 선택, 시행하는 방법을 익힐 필요가 있다.

끝으로 시스템 분석가가 하는 일은 사람 중심의 일이기 때문에 활달하고 외향적인 성격이 좋다. 이 점이 프로그래머와는 커다란 차이가 있다. 즉, 프로그래머는 대인접촉을 별로 하지 않은 채 자신의 성(城)안에서 주어진 문제의 해결에 주력하면 되지만, 시스템 분석가는 많은 사람을 만나야 하고 이들과 우호적인 관계를 형성해야 한다. 따라서 사람 만나기를 꺼려하거나 어색해해서는 곤란하다. 선천적으로 내성적인 사람은 시스템 분석가로서의 교육과 훈련을 통하여 성격개조를 시도할 필요가 있다. 탐정 셜록홈즈와 같은 통찰력과 강철왕 카네기 같은 추진력을 지녔다면 시스템 분석가로서 더할나위없이 좋을 것이다.

❸

프로그래머의 예리함과 관리자의
넉넉함이 필요

"타인에게
인정을 받든 못받든
우리 일은 무에서 유를 창조
하는 작업입니다. 생각이 잘 안 날
때는 무척 괴롭지만, 사회적인 추세가 점점
남녀 구분없이 가고 있으므로 여성들이
해볼만한 일로 여겨집니다. 일에
대한 책임의식만 투철
하다면요."

우리나라 전산인들이 아직도 대우를 잘 받는 부류에 속하지 못한다고 보는 시각이 있다. 굳이 이유를 캐자면 뿌리 깊은 한국의 역사까지 거슬러 올라가야 하겠지만 아직도 기술적인 분야가 행정이나 정책결정보다는 중요하지 않다는 사고방식, 그리고 그 차이가 너무 큰 것에 전산인들은 약간의 소외감과 좌절감을 느끼곤 한다.

누구나 자신이 하고 있는 일이 중요하고 중심이 되기를 바라는 마음은 다 같겠지만, 전산은 전체업무 중에서 중요한 부분이라기 보다 마치 전체 건물에 필요한 하나의 나사와 같이 그냥 끼워넣는 정도로 여기는 경향이 있었던 게 사실이다. 그러나 이제는 사정이 달라져 그 역할이 점점 확대되고 있다. 경영인이나 직원에 이르기까지 전산이 업무의 동반자가 된 것이다.

미국계 은행인 시티은행 전산개발부 부장 손인숙(34) 씨는 전문직인데도 불구하고 타부서에서 제대로 인정받지 못할 때가 제일 화가 난다고 한다.

"미국계 회사라고 해도 거기서 일하는 사람은 한국사람들이기 때문에 결국 전산일에 대한 인식의 차이는 다르지 않아요."

임시직 10명을 포함, 55명의 전산요원이 일하고 있는 시티은행 전산실에서 손인숙 부장은 소비자 금융, 기업금융, 통신 부분의 전산화 작업을 맡아 하고 있다. 업무개발, 카드 승인업무, ATN 관련업무 등 주로 패키지를 많이 사용하고 있다. 본사 차원의 패키지를 각 나라의 실정에 맞게 쓰고 있는 것이다.

전산분야의 한 부서를 이끌어가고 있는 손인숙 씨의 전공은 의외로 전산과가 아닌 식품영양학과이다. 우리나라 4년제 대학에 전산학과가 개설된 것은 1970년이다. 대학에서 전산전문인력을 배출한 역사가 짧아서인지 초창기의 전산전문가들은 상당수가 비전공자들이다. 손인숙 씨도 첫직장에 입사할 때 전산전문직으로 지원했지만 전공의 제한을 받지는 않았다.

"식품영양학을 전공했지만 학교다닐 때 수학을 매우 좋아했어요. 전산분야로 진출하게 된 데는 언니의 영향이 컸습니다. 언니가 전산분야에서 일하고 있거든요."

그녀는 81년 대학 졸업 후 현대그룹 대졸 신입사원 공채에 전산전문직으로 합격해 입사했다. 현대건설에 발령이 나 2년 정도 근무하다 그룹계열사인 현대상선에 컴퓨터를 들여오면서 전산실이 만들어졌다. 그러니까 현대상선 전산실 초창기 멤버로 들어가 일하게 된 셈이다.

상선으로 옮기고 나서 1년만에 대리로 승진한 손인숙 씨는 의외의 진급에 대해 '전산직이라는 전문성을 인정받은 셈'이라며 흐뭇했다고 한다. 이때만 해도 그녀는 '전문직'이라는 것이 참으로 매력있는 것임을 실감했다.

"남자들도 보통 입사한 지 3~4년 걸려야 대리로 승진하는데 그때는 저한테 운이 따랐던 것 같아요."

그녀는 현대그룹사상 처음으로 여직원이 해외출장을 가는 행운을 잡았다. 미국 현지 법인에 전산개발을 하는 업무였다. 86년 1월부터 8월까지 7개월의 기간이었다.

"전산 주재원이 기존에 두 명 있었어요. 거기다가 과장한 명, 대리 두 명이었죠. 물론 여자는 저 하나구요. 현지에 사장님이 오셔서 의견교환도 종종 했지요. 내가 굉장히 중요한 일을 하고 있구나 하는 사명감을 느낄 때였어요."

실력차이가 없는 만큼 일이나 진급에 있어서도 남녀 차이가 없는 것이 그녀의 마음을 사로잡았다.

손인숙 씨는 87년 결혼한다는 사실을 회사측에 알렸고 결혼휴가까지 받았다. 그러나 세상 일이 그리 쉽게만 돌아가지는 않는 모양이었다. 부사장이 관리이사를 대신해 어렵다는(?) 표시를 해왔다.

"현대상선의 경우 결혼하고 다니는 사람이 없다는 거예

요. 여직원들은 보통 결혼하기 한 달 전에 사표를 내는 게 통례라고 하더군요. 그러려면 뭐하러 진급시키고 해외출장까지 보냈는지 모르겠다는 생각이 들었어요. 계속해서 전례를 만들면 곤란하다는 얘기만 전해지는 거였어요. 제 성격상 투쟁해서 싸우는 스타일도 아니고 해서 그만두었어요."

때마침 현대건설 다닐 때 알았던 상사 한 분이 다른 곳을 추천해주어 삼일회계법인에서 정보컨설팅 업무를 맡게 되었다. 그 회사는 'IBM 시스템 38'이라는 기종을 사용하고 있었는데, 그때만 해도 그 언어(Language)가 독특했기 때문에 아무나 할 수 없었다. 그녀는 결혼하자마자 직장을 옮긴 것이다.

"삼일회계법인에서 시티은행 프로젝트를 하게 되었어요. 시티은행과 계약맺고 업무지원차 파견근무를 했지요. 9개월짜리 프로젝트를 다 마치자 시티은행 측에서 같이 일하자는 제의를 하더군요. 시티은행의 전산실 수퍼바이저가 저를 잘 보았던 것 같아요. 삼일에 있으면서 대우가 처음 생각과 다른 것도 있었고 이래저래 시티은행으로 옮겨보고 싶었어요."

손인숙 씨가 시티은행에 온 지는 올해로 7년째이다. 그녀의 전산경력은 전부 합쳐서 12년.

"앞서 우리의 일을 이해해주지 못한다고 아쉬워했지만 최종사용자(End-User)들이 전산실 사람들을 이해 못하는 것 같아요. 예를 들면 하드웨어가 고장날 수도 있고, 그럴때마다 저희들을 향해 공격의 화살이 날아오죠. 공장에서 돌아가는 기계도 고장날 수 있잖아요. 최종 사용자의 이해부족으로 무조건 전산실 사람들만 공격할 때가 제일 견디기 힘들어요."

프로젝트 개발에 들어가면 일하는 기간이 정해지기 때문에 주말, 휴일, 밤샘작업이 시작된다. 흔히들 전산일을 머리가 하는 두뇌운동이라고 생각하는데 머리 뿐만 아니라 체력이 버텨줘야 가능하다. 보통 프로젝트로 집어 넣을 때는 밤샘이 필수이기 때문에 몸이 건강해야 하며, 일하는데 있어서 남녀차별은 있을 수도 없다.

"전산직이 밤일이 많은 이유는 낮에는 사용자들이 기계를 써야 하니까 천상 밤에 할 수 밖에 없지요. 근무시간 외에도 시스템에 문제가 생겼을 때는 담당자가 책임지고 풀어나가야 됩니다. 퇴근 후 집에 있다가 전화받고 다시 나가는 일도 흔하게 있습니다. 전화로 30분 내지 한 시간 정도 통화하다가 해결이 안될 때는 밤중이라도 뛰쳐나가야 합니다."

　손인숙 씨는 그 일이 전문가로서 당연한 일이지만 정신적인 스트레스가 대단하다고 한다. 보통 한 달에 한 두번 정도 그런 일이 있다고.

　손인숙 씨는 그동안의 노하우를 살려 은행 오퍼레이션 쪽으로 옮길 생각도 하고 있다. 전산직 경험을 노하우로 해서 은행 비지니스와 관련된 업무쪽으로 일의 영역을 확장하고 싶어한다.

　"물론 노하우를 쌓는데 시간이 많이 걸리겠지만 은행 직원들이 일을 할 때 필요한 매뉴얼을 만든다든지, 전산프로젝트와 관련된 은행업무 전반을 다루고 싶습니다. 전산전문직이라는 게 스스로를 옭아매는 부분이 있습니다. 중간중간 자신을 뒤돌아보지 않으면 한참 세월이 지난 뒤 그 부분 이외에는 바보가 되어버리는 상황을 맞게 되죠. 물론 업무영역을 확장한다든가 새로운 분야로 전환한다는 게 상당한 용기를 필요로 하지만요."

　손인숙 씨는 전반적인 은행지식을 습득해 은행업무 전반의 전산개발과 업무지시를 할 수 있는 상황까지 발전하기 위해 애쓰고 있다. 전산실에 있다고 해서 은행 일을 다 아는 게 아니기 때문에 은행 트레이닝 센타의 교육이 있을 때마다 공부하고 있다.

"타인에게 인정을 받든 못받든 우리 일은 무(無)에서 유(有)를 창조하는 작업입니다. 생각이 잘 안 날 때는 다 때려치우고 싶은 마음도 굴뚝같지만, 사회적인 추세가 점점 남녀 구분없이 가고 있으므로 여성들에게 해볼만한 일로 여겨집니다. 일에 대한 책임의식만 투철하다면요."

어느 분야든 정당한 댓가를 받기 위해서는 댓가 이상의 노력과 프로패셔널리즘이 필요조건임을 그녀의 말이 새삼 일깨워주는 듯하다.

시스템 엔지니어
다양한 컴퓨터 시스템의 운용자

시스템
엔지니어는
크기와 기능이 다양한
컴퓨터들을 업무의 성격과 양에
따라 적절하게 선택하고 연결시켜
운영에 문제점이 없도록 기술
적인 지원을 해주는
역할을 한다.

한국정보과학회가 편찬한 컴퓨터 용어사전을 보면 시스템 엔지니어란 '산업처리, 사무적인 문제 혹은 제어상황의 모든 요소들을 내포한 문제들을 계획하고 진행하는데 대한 분석과 수행을 하는 사람'으로 정의하고 있다. 또한 한국산업정보원이 1990년 실시한 조사에 따르면 우리나라 시스템 엔지니어의 부족률은 60%이고, 앞으로 5년후 시스템 엔지니어에 대한 수요는 3.2배로 증가할 것이라고 한다. 이처럼 정보산업의 급속한 발전에 따라 시스템 엔지니어의 수요는 훨씬 커질 전망이다.

시스템 엔지니어(System Engineer)는 크기와 기능이 다양한 컴퓨터들을 업무의 성격과 양에 따라 적절하게 선택하고 연결시켜 운영에 문제점이 없도록 기술적인 지원을 해주는 역할을 한다. 신문사나 금융기관, 대기업 등과 같이 방대한 업무량을 처리해야 하는 대형 전산시스템에서는 반드시 시스템 엔지니어가 필요하다. 왜냐하면 크기와 기능과 가격이 각기 다른 컴퓨터들을 업무의 양과 성격에 알맞게 설치하면서 기술적인 문제가 일어나지 않도록 처리하지 않는다면 엄청난 비용을 들여 설치한 전산망이 무용지물이 되기 때문이다.

시스템 엔지니어는 실제로 컴퓨터를 운영하는 모든 조직

에 필요한 인력으로서 회사에서는 컴퓨터 운영의 기술적인 문제를 담당하고 이용자들에게는 기능상의 상담과 자문 및 고장에 대한 응급처치를 한다.

시스템 엔지니어는 역할에 따라 네 가지로 구분된다.

필드 시스템 엔지니어(Field S. E)와 기술담당 시스템 엔지니어(Technical S. E), 프로젝트 시스템 엔지니어(Project S. E), 산업 시스템 엔지니어(Industry S. E).

필드 시스템 엔지니어는 영업담당자가 마케팅을 할 때 필요한 것들을 지원하는데, 제품추천 및 프로그램을 응용하는 역할을 한다. 기술담당 시스템 엔지니어는 기술적 부분에 문제가 없도록 완벽한 지원을 하며, 프로젝트 시스템 엔지니어는 업무의 방향을 설정하고 프로그램을 추진하는 사람이다. 끝으로 산업 시스템 엔지니어는 업체가 속한 산업 전반에 대해 이상적인 업무방향을 제시하고 상담, 자문을 한다.

삼성휴렛팩커드에서 시스템 엔지니어로 일하다 지금은 프리랜서로 활동하고 있는 최경진(31세) 씨는 대학에서 전산학을 전공했다. 프로그래머로 활동하다 S.E가 된 지는 올해로 4년째이다. 전산전공을 하면 수학의 기본을 배우니까 아무래도 유리하다고 말하는 최경진 씨는 엔지니어라고 해

서 다 기계를 다루는 사람이 아니라고 한다.

"시스템을 원활히 돌게 해주는 역할을 합니다. 오퍼레이팅 시스템 쪽을 관장하는 사람들도 프로그래밍을 다 하지요. 오퍼레이터가 경력을 쌓아 시스템 엔지니어가 되는 경우도 있고, 시스템 엔지니어가 발전하여 시스템 컨설턴트로 성장하기도 합니다."

몇 군데 회사를 정해놓고 일하기 때문에 고정적인 출퇴근자와 별반 다를 게 없다고 말하는 그녀는 시스템 엔지니어가 정신적 긴장감을 요구하기는 하지만, 장점으로는 성별과 연령에 구애받지 않아 여성들도 동등한 기회를 부여받는다는 점과 전문가로 대우받으면서 시간을 자유롭게 쓸 수 있다는 점이다. 사실 이 부분은 대부분의 컴퓨터 관련직의 특징이기도 하지만 말이다.

최경진 씨는 외부에서 볼 때 여성전산인들이 미세한 부분은 잘 해결하고 있으나, 전체를 보는 시각이 좁다는 견해에 대해 이렇게 말한다.

"그것을 꼭 여성전산인의 문제로만 볼 수는 없을 것 같아요. 기술적인 면을 지나치게 강조한 나머지 전체적인 윤곽을 보지 못한다는 것은 모든 전산인들이 자칫 빠지기 쉬운 취약점이 아닐까요. 매해 질높은 여성인력이 이 분야로 많이 들어오고 있어 희망적인 일로 여겨지지만, 남녀 비율 면에서나 능력 면에서 우수한 실정에도 불구하고 모든 것이 남성위주의 규칙에 얽매여 생활하는 부분들이 곳곳에 존재하고 있습니다. 물론 여성전산인들에게 문제가 전혀 없는 것은 아니지요. 사회제도의 문제로만 탓을 돌리고 불평과 체념만 일삼는 사람들, 새로운 기술을 받아들이는 면에서 굳이 우리가 해야할 필요가 있느냐는 식의 소극적인 자세도 있지요. 전산분야, 특히 고급직종으로 올라갈수록 남녀차별에서 오는 장벽은 있을 수 없고, 능력발휘의 기회도 비교적 균등하다고 봅니다. 한계가 있다면 여성의 한계가 아니라 각 개인의 능력의 한계가 아닐까요."

외부가 정해준 한계를 여성 자신이 다시 정하는 결과가 되어서는 안 된다는 최경진 씨는 대다수의 전문직 여성들이 느끼는 것처럼 일보다도 남성중심사회 속에서의 인간관계 기술이 더욱 중요하다고 얘기한다.

"이 직종에 알맞는 적성이 있다면 컴퓨터 계통에서 일하는 사람들에게 공통적으로 요구되는 종합적 판단력과 책임감입니다. 다양한 기종의 컴퓨터를 접하여 전산시스템의 운용, 응용시스템의 개발, 정보통신망 관리 등을 할 수 있는 능력이 요구됩니다. 컴퓨터 업계와 시장동향에 관해 정보수집을 지속적, 효율적으로 할 수 있는 능력이 있으면 더욱 좋겠죠."

컴퓨터의 보급률은 기하급수적으로 증가하고 있고 국내의 컴퓨터 회사는 계속 늘고 있다. 대기업의 대부분이 컴퓨터 산업에 뛰어들고 있고 컴퓨터를 이용한 업무의 전산화, 자동화 추세는 이미 가속이 붙고 있는 상태이다.

그러나 현재 우리나라에는 시스템 엔지니어를 교육, 양성하는 학원 등의 교육기관은 거의 없는 실정이다. 이는 일의 성격이 고도의 전문성을 요구하는 데다가 기업체에서 필요로 하는 수준이 PC를 아는 정도로 해결할 수 있는 수준이 아니기 때문이다.

이처럼 시스템 엔지니어가 되기 위해서는 현재 컴퓨터 회사에 상당기간 근무하면서 관련업무를 익힌 사람이거나, 대학에서 공학이나 전산학을 전공하고 공채로 대기업에 선발되어 시스템 엔지니어로 재교육받는 방법이 있다.

현재 프로그래머로 일하고 있는 사람이라면 하드웨어에 관련된 분야를 습득하여 시스템 엔지니어가 될 수 있고, 필드 시스템 엔지니어와 산업시스템 엔지니어의 경우에는 경영학, 경제학, 회계학 등에 관한 전문지식이 요구되므로 이 방면의 전공자가 유리하다.

　여성 시스템엔지니어들이 활발하게 활동하고 있는 예로
는 IBM이나 럭키금성, 삼성휴렛팩커드 등으로 아직까지 그
리 많은 숫자는 아니지만, 향후 2~3년 내에 많은 전문인력
이 필요하게 될 것이므로 많은 여성들이 도전하기를 기대
해본다.

⑤
시스템 컨설턴트
기업 생산성 향상의 공로자

"시스템
컨설턴트는
기업을 분석하는 일이고
회사 내부의 돌아가는 사정을
잘 알아야 하기 때문에 회사업무
전반에 대한 포괄적인 시각이 필요합니다.
회사의 업무량, 그 회사가 앞으로
어느 정도까지 발전할 것인지에
대한 앞으로의 확장량을
예측할 수 있어야
합니다."

기업을 분석, 평가하고 그 기업에 가장 잘 맞는 시스템을 구상해 자문, 또는 청사진을 제시해주는 사람을 시스템 컨설턴트(System Consultant)라고 한다. 외국의 경우 유망한 전문기술사업으로 자리잡은 분야로서 우리나라는 유능한 프로그래머가 시스템분석을 거쳐 MIS(Management Information System)와 함께 하는 고도의 전문직업이다.

컴퓨터 분야의 상위그룹에 속하는 시스템 컨설턴트가 국내에 소개된 것은 90년도. 시스템 컨설팅을 전문으로 하는 다국적 기업이 국내에 진출하면서부터 독립된 직종으로 불리어진 시스템 컨설턴트는 의뢰인의 요구에 따라 해당기업의 규모, 자본금, 업무특성, 인원 등의 제반조건을 고려하여 그 기업에 가장 알맞는 컴퓨터 시스템을 만들어 제공함으로써 기업의 생산성 향상에 커다란 역할을 한다.

얼마전 포항제철에서 방대한 기업경영을 전산화하려는 목적으로 EIS(Executive Information System)라는 컴퓨터 시스템을 도입한 바 있다. 일반인들이 보기에는 어마어마한 비용의 투자였지만 기업의 경영이라는 입장에서보면 그만한 가치가 있는 일이었다. 전산시스템의 도입으로 발생하게 되는 생산성 제고 등 유형무형의 이익을 생각하면 그 투자액과는 비교할 수 없기 때문이다.

조경희(33) 씨는 포항제철 계열회사에서 8년째 이 일을 하고 있는 시스템 컨설턴트이다. 포항제철과 제철엔지니어링의 합작사인 이 회사는 맨처음에는 제철엔지니어링에 있다가 합병되면서 본격적인 시스템컨설팅 업무를 하게 되었다. 86년 대학 졸업과 동시에 입사하게 되었는데 정작 조경희 씨의 전공은 가정학과. 그러나 부전공인 전산학을 제대로 살린 셈이다.

이처럼 시스템 컨설턴트가 되기 위해서는 반드시 전산학을 전공해야 하는 것은 아니다. 오히려 경영학 분야의 충분한 지식이 필요하다. 그 이유는 회사의 경영상태나 특징을 알기 위해서는 현업에 대한 이해와 경영학적 지식이 필요하고, 업무에 맞는 적정한 장비 및 프로그램을 위해서는 컴퓨터 시스템에 대한 지식이 필요하다.

현재 이 방면에서 일하고 있는 대다수의 사람들이 전산전공이 아니더라도 대학원이나 개인적 차원에서 경영학 관련학과를 공부하는 것은 바로 이런 이유 때문이다. 학력의 제한은 없지만 경력이나 지식의 정도에 있어서 상당한 수준을 요하는 것 또한 사실이다.

"일단 경영학이나 전산전공자가 유리한데 두 가지 모두 공부를 해두는 것이 좋습니다."

그녀가 하는 일의 과정은 우선 기업체로부터 수주를 맡는 것에서부터 시작된다. 그 다음 회사로 찾아가 견학을 하고 문제점을 토의한 뒤 적합한 시스템을 제시하는 것으로 그녀의 업무는 끝을 맺는다. 그 이후는 다른 부서의 소관이다.

"회사로 직접 견학가야 하기 때문에 출장이 잦은 편입니다. 이 일을 하려면 당연히 생각하고 감수해야지요."

그녀는 그동안 제철화학 등의 기업체를 맡아 일해왔고 현재는 포항제철의 업무를 하고 있다. 해외출장도 많고 한 달에 3분의 1은 출장을 가는 편이라고.

"시스템 컨설턴트는 기업을 분석하는 일이고 회사 내부의 돌아가는 사정을 잘 알아야 하기 때문에 회사업무 전반에 대한 포괄적인 시각이 필요합니다. 회사의 업무량, 그 회사가 앞으로 어느 정도까지 발전할 것인지에 대한 앞으로의 확장량을 예측할 수 있어야 합니다."

프로그래밍이나 시스템 분석의 경력없이 학교 졸업하고 바로 이 일을 할 수 없는 것도 이 때문이다. 현장에 대한 감각, 일에 대한 이해가 없이는 해내기가 어렵기 때문에 적어도 3~4년 정도는 프로그래밍을 한 다음에 시스템 컨설팅을 시작하는 것이 좋다. 또한 이 일은 외부인과 계속 접촉해야 하기 때문에 대인관계도 중요하다. 기업에서 일하던 시스템 컨설턴트가 경력이 오래 쌓이면 개인적으로 독립을 한다. 이 때는 회사를 보고 일을 주는 것이 아니라 사람을 보고 일을 주는 것이기 때문에 회사에 소속되든, 창업을 하든 인간관계는 계속 원활하게 유지되어야 한다.

현재 국내에 시스템 컨설팅을 전문으로 하는 회사는 몇 개의 다국적기업과 포항제철에서 만든 포스데이타가 있는 정도이며 이를 교육하는 전문기관도 없다. 게다가 시스템 컨설팅 회사에서도 신입사원을 공채하지 않는다. 앞서 말한 것처럼 전산실 프로그래머로 일정기간 동안 일하다가 본인의 능력이나 적성에 따라 시스템 컨설팅 업무로 자연스럽게 수직이동하는 것이 바람직한 코스라고 보여진다.

우리나라의 경우 아직 시스템 컨설턴트에 대한 개념정립이 모호해 편의적으로 해석하는 경향이 있다. 컴퓨터를 제대로 이용할 수 있도록 도와주는 역할을 하는 협의의 의미로 대개 쓰이고 있으나 실제 시스템컨설팅 사무실에서는 경영을 포함한 업무의 전산화를 자문해주는 넓은 의미로 기업에 참여하고 있다.

시스템 컨설팅 업무는 한 가지 프로젝트에 대해 팀 단위로 일을 진행하는 경우가 많으므로 팀웍이 중요하다. 이들의 두뇌로 작게는 수십명에서 많게는 수천, 수만의 종사자들이 움직이는 기업을 총괄, 분석, 평가하여 알맞는 설비와 프로그램을 제공하는 일이기 때문에 스트레스도 만만치 않다.

따라서 시스템 분석가에게 요구되는 자질과 적성이 시스템 컨설턴트에게도 요구된다. 국내의 시스템 컨설팅 회사들은 일단 기본적 자질이 있는 사람을 채용한 후 일정기간에 걸친 재교육을 통해 시스템 컨설턴트로 키우고 있다. 이 직종의 전문가를 양성하는 전문교육기관이 아직은 없기 때문이기도 하지만, 일의 내용이 교과서적 지식보다는 현업에 대한 이해와 경험을 더 많이 요하기 때문이다.

❻
컴퓨터그래픽 디자이너
예술과 과학이 만들어낸
컴퓨터의 꽃

"아무리
많은 수학적
함수를 이용하더라도
그래픽을 접목하지 않으면 눈으로
볼 수 없기 때문에, 컴퓨터그래픽은 앞으로도
무궁무진하게 활용되고 발전될 것으로 보입니다. 붓 대신
전자펜을 이용해서 그림을 직접 넣어야 하고, 전산
지식을 엮어서 하나의 소트트웨어를 만드는
일이기 때문에 디자인 센스와
수학적 능력이 동시에
요구됩니다."

　　예술과 과학이 결합하여 만들어내는 첨단분야인 컴퓨터 그래픽의 활용이 두드러지고 있다. 방송용 타이틀 제작이나 각종 CF제작에 컴퓨터 그래픽이 사용된 것은 이미 오래 전의 일이고, CAD 분야에 이어 심지어는 개인의 취미에 이르기까지 컴퓨터 그래픽이 사용되고 있는 세상이다.

　　국내에서 컴퓨터에 의한 그림이 일반대중에게 처음 소개된 것은 KIST에서 문자를 이용해 레오나르도 다빈치의 모나리자를 표현했던 1978년이었다.

　　선진 외국에 비해 20년이나 늦은 출발이었지만, 어쨌든 그때는 여러 사람들 사이에서 뉴스거리가 되었다. 당시는 퍼스널 컴퓨터가 개발되지도 않았던 때였다. 그러던 것이 1980년대 초 KBS TV 자막처리용 문자발생기로부터, 삼성전자의 휴먼테크 광고를 비롯 각종 광고에까지 도입되면서 컴퓨터 그래픽은 매우 다양하게 쓰이게 되었다.

　　컴퓨터 그래픽이란 "컴퓨터로 표현해 낼 수 있는 1천6백만의 무한한 색상으로 물감을 찍어 붓으로 그림을 그리듯이 전자적인 도구를 이용하여 화면에 직접 그림을 그리는 것"이다. 그것은 '컴퓨터의 꽃'으로 불리기도 하고 '예술과 과학의 만남'이라 얘기되기도 한다. 한 마디로 말해 첨단과학을 배경으로 새롭게 나타난 선진적인 분야라 하겠다.

이런 추세에서 컴퓨터 그래픽에 어떤 의미를 부여할 수 있을 것인가. 또는 얼마나 많은 분야에서 활용이 될 것인가는 컴퓨터 그래픽업계 엔지니어나 아티스트들의 의견이 일치해 있는 듯하다.

'한국컴퓨터그래픽협회' 창단 멤버이자 삼성컴퓨터 정보컴퓨터본부 멀티미디어 팀에서 컴퓨터 그래픽을 담당하고 있는 이주연(26) 씨의 말을 들어보자.

"아무리 많은 수학적 함수를 이용하더라도 그래픽을 접목하지 않으면 눈으로 볼 수 없기 때문에, 컴퓨터 그래픽은 앞으로도 무궁무진하게 활용되고 발전될 것으로 보입니다. 저희 멀티미디어 팀에서는 컴퓨터 안에 화상정보와 음성정보를 같이 집어 넣는데 저는 화상정보를 집어넣는 작업을 하고 있습니다. 붓 대신 도구(전자펜)를 이용해서 그림을 직접 넣어야 하고, 전산지식을 엮어서 하나의 소프트웨어를 만드는 일이기 때문에 디자인 센스와 수학적 능력이 동시에 요구됩니다."

이주연 씨는 성신여대 수학과를 나왔고 부전공으로 전산학을 했다. 실은 그림 그리기를 좋아해서 어렸을 때부터 틈만 나면 수채화를 열심히 그렸는데, 수학과를 지망하게 된 것은 전적으로 아버지의 영향이 컸다. 고등학교 때 '사이언

스'라는 외국 과학잡지를 아버지가 정기구독하게 해주었고, 그때부터 컴퓨터 그래픽이란 분야가 외국에서는 각 분야에 활발하게 적용되고 있음을 알았다.

그녀는 대학에 들어가자마자 자연스럽게 컴퓨터에 접근 해 갔다. 때마침 삼성그룹에서 대학생 소프트웨어 연구실을 마련해 놓고 멤버십을 운영하고 있다는 정보를 입수했다. 정보의 중요성을 깨우치다 보니까 흘려 지나가는 사소한 이야기도 이주연 씨에게는 다 소중한 정보가 되었다. 삼성 멤버십에 가입하게 된 것도 마찬가지이다.

"프로그램 경력 3년 이상인 자 중에서 연구를 희망하는 자 라는 조건이 있었어요. 1기로 뽑혀 80명의 대학생이 연 구활동을 했지요. 회사측에서는 대학생의 참신한 아이디어 를 기대했던 것 같아요. 아무런 조건없이 연구만 열심히 하 라는 겁니다. 아무 때나 나오고 싶을 때 나가서 연구활동을 했는데, 80명 중 여학생은 단 세 명이었어요. 처음엔 프로그 램만 하다가 이미 있는 프로그램을 응용하는 쪽이 적성에 맞아 컴퓨터 그래픽에 관심갖게 되었습니다. 지금은 컴퓨터 그래픽 디자인학원이 상당히 많아졌지만, 1989년 12월 사설 학원에 컴퓨터 그래픽 분야가 처음으로 개설되었어요. 그때 학원에서 배웠지요."

　과학과 예술이 만나는 분야로 일컬어지는 컴퓨터 그래픽 디자인은 컴퓨터를 이용하여 무에서 유를 창조하는 일이다. 이주연 씨는 현재 컴퓨터 그래픽이 해낼 수 있는 분야가 무궁무진하다고 말한다.

　"의학분야에서는 인체를 미리 컴퓨터에 입력해 놓고 시뮬레이션으로 다양한 상황을 보여주는 데 이용합니다. 고고학에서는 문화재에 관한 자료를 입력한 다음 그래픽을 이용하여 훼손되기 이전의 모습을 재현하거나 복원하는 작업에 많이 이용하고 있습니다. 순수과학의 경우, 비행기가 날 때 연료의 값을 계산해서 입력하면 언제까지 날 수 있을 것인가를 알 수가 있고, 자동차가 부딪쳤을 때 부딪친 강도와 찌그러진 정도를 실험하지 않아도 정확하게 예측할 수 있습니다. 패션 분야에서도 기존의 텍스타일 중에서 다른 직물, 다른 색상과 조합할 수 있고 마음대로 바꿔볼 수가 있습니다. 요즘 부엌가구 배치할 때 미리 구조를 다양하게 바꿔 보는 것도 컴퓨터 그래픽의 덕택이지요."

　광고분야는 우리에게 비교적 널리 알려진 컴퓨터 그래픽 분야로 기존의 영상과 CG(컴퓨터 그래픽)를 합쳐서 만드는 것이 많고, 비디오 + 컴퓨터 그래픽 등 요즘은 주로 기존의 것에 합성을 시키는 경향이 많다고 한다.

"컴퓨터 그래픽이 예술이냐, 과학이냐 하는 질문을 많이 받아요. 아직은 뭐라 말할 수 없지만 어떻게 예쁘게 그리느냐를 추구하기보다는 원하는 것을 표현하기 위해 컴퓨터를 어떻게 이용하는냐, 즉 컴퓨터로 해야만 표현할 수 있는 방향에서 연구하고 싶어요. 순수회화를 컴퓨터가 침범해서 이것도 저것도 아니게 만드는 것은 원치 않아요."

90년 대학 3학년 때 광고회사에서 아르바이트로 컴퓨터 그래픽을 한 것이 그 분야에 매료된 계기가 되었다는 이주연 씨는 삼성그룹 대졸여사원 공채에 합격하고나서부터 컴퓨터 그래픽 분야에 나름대로 획기적 기여를 하는 사람이 되겠다고 마음먹었다.

어릴적부터 순수미술을 쭈욱 해왔기 때문인지 이주연 씨는 각 장르의 고유성을 해치는 것으로 컴퓨터가 작용하는 것을 바라지 않는다. 그녀는 컴퓨터 그래픽 디자이너의 자격요건에 대해 서로 대치되는 극단의 성격이 다 요구된다고 한다.

"성격이 양분되는 분야 같아요. 수학과 미술이 스펙트럼의 양끝에 위치하듯이……. 하지만 컴퓨터 그래픽은 결국 창조물입니다. 그러므로 창조적 성격, 창조능력, 창조하고자 하는 욕구가 기본이 되어야죠. 거기다가 컴퓨터 지식도 함게 갖고 있으면 훨씬 좋겠습니다."

이주연 씨는 컴퓨터에 대해 전문가인 것처럼 미술에 대해서도 전문적 수준에 있다. 이런 그녀에게 가장 가슴 아프게 들리는 말은 '동시에 두 가지를 잘 한다는 것은 동시에 두 가지를 잘못한다는 말과 같다'라는 말이다. 아직도 시작 단계에 있는 컴퓨터 그래픽 분야에 올바른 정의를 세우고 싶다는 이주연 씨는 컴퓨터 전문잡지에 컴퓨터 그래픽 용어해설을 쓸만큼 사명감을 갖고 있다.

"한 분야로 커가기 위해서는 깊게 파는 작업도 필요하지만, 그 분야의 이론체계를 정립하는 작업도 필요합니다."

그녀가 있는 소프트웨어 개발부는 앞뒤좌우가 다 컴퓨터만 하는 사람들이다. 때로는 이 대목이 그녀를 제일 당혹스럽게 한다. '이 딱딱한 분위기 속에서 가장 예쁜 꿈을 담아야 된다는 것'이 제일 힘들다고. 또한 컴퓨터 그래픽은 붓(도구)이 같기 때문에 차별화가 무척 어렵다는 것이다.

92년 7월에 입사하여 이제 겨우 신입사원 딱지를 뗀 그녀가 그동안 한 일은 '홈 백과'라는 가정용 소프트웨어에 들어가는 그래픽 작업이었다. 주부들이 쓸 수 있는 가계부, 바이오 리듬, 아이들 시간표 등 가정에서 필요로 하는 모든 것이 들어있는 소프트웨어이다. 그리고 CD타이틀(플로피디스크의 80배의 용량을 담을 수 있는 소프트웨어)에 들어가는 그래픽작업(Layout Design, 색보정)을 얼마 전까지 했다. 대체로 프로젝트 하나에 4개월 내지 6개월이 걸린다. 한 팀에 컴퓨터 그래픽 디자이너는 한 명이고 프로듀서가 따로 있어서 전체적인 방향을 잡는다.

이주연 씨에게는 정보가 곧 재산이다. 그녀가 삼성멤버십 회원이 된 것도, 또 삼성그룹 공채에 입사지원서를 내게 된 것도 다 정보마인드가 체질화되어 있었기에 가능했다. '정보에 강한 사람이 되려면?' 하고 묻자 그녀는 웃으면서 말한다.

"호기심이 많아야겠지요. 특히 새로운 분야에 관심을 갖고 탐구하려는 긍정적 태도를 가진다면 눈에 보이는 모든 게 정보가 아닐까요?"

일반적으로 대기업이 가지는 보수성향 때문에 여사원의 대우 및 승진이 중소기업보다 어렵지 않겠느냐는 질문에 그녀는 다시 한 번 웃으면서 대답한다.

"저도 처음엔 그 부분을 제일 염려했어요. 뽑아 놓기만 하고 지원을 안 하면 어떡하나 하구요. 하지만 조직내 남녀차별은 기우였어요. 윗분들이 오히려 격려를 많이 해줍니다. 여자도 관리자·책임자 할 수 있다, 그러니 꿈을 갖고 열심히 일하라구요. 실제로 여자과장, 여자차장도 더러 있어요. 앞으로는 '더러'가 아닌 '많이' 나올 거라고 봐요. 결국은 능력으로 승부하는 세상이 올테니까요."

그녀는 컴퓨터 그래픽에 관한 세미나에도 자주 참석한다. 이 분야가 아직도 새로운 분야이기 때문에 체계적 정립이 필요하고, 한국화(韓國化) 내지는 표준화 작업이 절실하다고 강조한다. 현재 우리나라에서 컴퓨터 그래픽을 가장 많이 활용하는 곳은 텔레비전 방송국이고 광고나 영화, 패션업계, 정보통신업체 등에서도 많이 활용하고 있다. 그러나 전문인력은 턱없이 모자라는 형편으로 앞으로 유선방송이 활성화되면 그 인력난은 더욱더 가중될 것으로 보인다.

방송 프로그램의 마지막이나 시작에는 대개 그것을 만든 사람들의 이름이 나온다. 몇년 전까지만 해도 그런 스텝들 이름에서 별로 볼 수 없었으나, 요즘에는 시청자들의 눈에 곧잘 들어오는 것 중의 하나가 CG 또는 컴퓨터 그래픽이라는 말이다.

80년대로 들어오면서 시청자들은 야구중계가 더 재미있어진 것을 느꼈을 것이다. 경기스코어나 선수들의 기록 등이 화면에 문자로서 자유자재로 나타나기 때문이다. 이른바 문자발생기라고 하는 장치에 의해 가능해진 것인데, 방송 컴퓨터 그래픽의 제1세대라 할 수 있다. 이어서 '오로라'라는 기계에 의한 제2세대로 발전하면서 공간개념, 시간개념 등이 도입된다. 뉴스에 나오는 각종 자막이나 스포츠 중계의 자막들은 컴퓨터 그래픽의 가장 기본적인 형태이다. 요즈음 많이 나오는 주식시세나 일기예보 등도 컴퓨터 그래픽을 이용한 것이다.

현장사진이 없거나 그림이 채 입수되지 않은 사건, 사고를 추정해서 보여주는 것도 많은 부분 여기에 의존하고 있다. 편성안내, 쇼나 드라마의 타이틀도 점차 컴퓨터 그래픽화하고 있다. 각종 선거나 입시 등의 보도에도 컴퓨터 그래픽은 빼놓을 수 없이 중요한 역할을 해낸다. 독특한 시그널 음악과 함께 시작되는 MBC 뉴스데스크의 도입부분이나 88 서울올림픽의 '한국의 영상' 등에 이용된 것 들은 꽤 높은 수준을 요구하는 것이기도 하다.

모든 정보의 9할 정도는 시각을 통해서 얻고, 또 시각을 통해 정보를 전달하는 것이 효과적이라고 한다. 복잡한 정보나 수치를 도형이나 문자, 그래픽화한 그림들을 간단하면서도 정확하게 전달하는데서 방송 컴퓨터 그래픽은 시작한다. 컴퓨터 그래픽이 과학이면서 동시에 예술이라고 하는 것은 거기에 보는 즐거움이 덧붙여지기 때문인데, 디자이너의 기능이나 자질도 같은 차원에서 얘기될 수 있을 것이다.

　현재 우리나라 방송사에서 일하는 컴퓨터그래픽 디자이너들은 대부분 대학에서 응용미술을 전공한 사람들이다. 컴퓨터에 관한 지식이나 기술은 그러니까 입사 후의 교육을 통해서 이루어진다. 디자이너는 입사해서 보통 평면에서 시작해 점차 고난이도를 요구하는 작품성이 짙은 제작물까지 만들게 된다.

　디자이너가 갖는 예술적인 감각과 컴퓨터라는 기계를 다루는 엔지니어적인 기능의 결합은 이들에게 하나의 과제라 해도 지나친 말이 아니다. 그만큼 논리적인 사고와 수리적인 계산에 익숙해져야 하는데, 예술가적인 창의성만으로 해결될 수 없는 부분에 바로 컴퓨터라는 기계가 자리잡고 있다. 이들이 쓰는 표현 중에 "쓰레기를 집어 넣으면 쓰레기밖에 나오지 않는다(garbage in, garbage out)"라는 말이 있다. 이것은 컴퓨터가 결국 마법을 부리는 어떤 도구는 될 수 없다는 것을 잘 표현해 준다고 하겠다.

　컴퓨터는 결국 컴퓨터인 것이다. 모호한 아이디어를 구체화시키고 주제를 보다 적절히 표현하고, 나아가 시청자(소비자)의 욕구에 부응할 수 있는 좋은 제작물에는 디자이너의 머리와 감각과 기술이 결정적인 역할을 할 수밖에 없다.

　KBS에서 컴퓨터 그래픽을 담당하는 구지회 씨의 말을

들어보자.

"다른 분야도 그렇겠지만 전문가로 인정받으려면 철저한 자기와의 싸움을 계속해야 합니다. 어려운 작업은 끊임없는 인내를 요구하고, 머릿속의 생각은 뜻처럼 구체화되지를 않고……"

그의 말에 덧붙여 한 컴퓨터 그래픽 교육학원 강사의 이야기를 들어볼 필요가 있을 것 같다.

"컴퓨터그래픽을 공부하겠다고 찾아오는 학생들을 보면 CF광고의 화려함 때문인지, 혹은 유망직종이라는 평을 듣기 때문인지 단순한 호기심으로 찾아오는 경우가 많습니다. 그들이 화려함 뒤에 흘려야 하는 노력의 땀방울이 얼마나 많은 지를 미리 알았으면 좋겠어요. 이러한 것은 컴퓨터 그래픽에 대한 무지에서 시작되는 것으로 그래픽에 대한 기본개념 없이 단순히 광고의 화려한 효과에 현혹된 경우입니다. 다분히 충동적인 화려함에 이끌려 자신들의 재능과 노력, 그래픽에 대한 적성을 미리 검토하지 않는다면 중도에 실패할 수도 있다는 것을 명심해야 할 것입니다."

방송국에서는 신입사원 채용시 컴퓨터 그래픽 디자이너를 함께 뽑는다. 이때에는 방송국에서 그때 그때 요구하는 조건을 갖춰야 하고 서류전형과 필기시험, 면접 등의 과정을 거쳐야 한다. 이외에도 광고대행사나 영화사 등도 컴퓨터그래픽 디자이너의 좋은 직장이 될 수 있지만, 이런 곳에서는 아직 신입사원을 채용하지 않는다고 보아도 무방하다. 그러나 패션회사나 인테리어 회사, 기획사무실, 전자출판 시스템을 도입한 출판사, 잡지사 등이 새로운 진출분야가 되고 있어 그 수요는 계속 늘어날 것으로 보인다.

　컴퓨터그래픽 디자이너가 되려는 사람은 컴퓨터 그래픽 과정이 설치되어 있는 대학의 디자인학과에 진학하거나, 그래픽 전공이 아닌 사람은 사설 디자인학원에서 공부할 수 있다. 사설 디자인 학원의 컴퓨터 그래픽 과정은 6개월씩 초급, 중급으로 나누어 1년 코스로 개설되어 있는 곳이 많다. 수강료는 월 20만원 선으로 싼 편은 아니다.

❼

캐드전문요원

21세기 설계자동화의 총아

"미국
피자가게는
배달이 아주 빠르죠.
주문을 받으면 컴퓨터를 통해
배달할 곳까지 가는 가장 짧은 거리와
교통이 가장 덜 막히는 길을 찾아내기 때문입니다.
이것은 지리정보시스템이 발달했기 때문에
가능한 일이지요. 지리정보시스템 같은
일들은 국가의 기간사업에 속하기
때문에 캐드리스트들이 사명
감을 갖지 않으면
안됩니다."

국내에서 설계에 컴퓨터가 도입된 역사는 10년 정도지만 도면작업 등 일반적으로 보편화되기 시작한 것은 불과 5년 남짓하다.

1954년 미국에서 발전기의 회전기와 기어의 설계에 최초로 CAD를 사용한 이래, 10여년 전부터 자동차, 항공, 우주선 등으로 범위가 확대되어 이제는 건축설계, 도면설계, 엔지니어링, 인테리어 분야까지 급속히 확산되고 있다.

산업계에서도 이미 컴퓨터는 그 위력을 인정받고 있는데 생산현장에도 컴퓨터의 보급은 급속히 이루어지고 있다. 설계자동화를 위한 CAD의 등장도 그 덕택이다.

CAD는 풀어서 쓰면 Computer aided design이고, CAM은 Computer aided manufacturing의 약어로 컴퓨터의 도움을 받아서 그 관련업무를 수행하는 것을 말한다. 그리고 캐드능력이 있는 사람을 캐드리스트라고 한다. 캐드리스트 최진숙씨는 CAD 초기단계인 86년부터 이 일을 시작했다.

서울여대 심리학과를 나온 그는 '로 엔지니어스'라는 미국인회사의 한국지사에 들어갔다. 아는 사람 추천으로 들어갔는데 CAD의 경우 대부분 학원에서 추천받는 경우가 많았다. 그녀는 CAD 프로그램 중에서 마이크로 스테이션이라는 프로그램으로 처음 CAD를 배웠다.

　전공을 안 해서 아쉬운 게 많았다는 최진숙 씨는 난이도 가 높은 상황에 가면 수학과 나온 사람들이 훨씬 유리하다 고 한다.

　"86년 11월 대학졸업반 때 입사했는데 이때가 우리나라 의 CAD 초기단계였어요. 처음엔 일거리가 없어서 미국 본 사의 행정업무를 많이 했어요. 차차 CAD 본연의 매핑(Mapping), 구조물, 마스터플랜을 주로 그렸지요. 파이프라인을 건설할 때 지도를 컴퓨터로 그리는 일이었습니다. 낮에는 회사 일하고 밤에 학원 다니면서 베이직과 포트란을 배웠 습니다."

　일의 내용이 세심하고 꼼꼼함을 요구하기 때문에 처음엔 굉장히 피곤했지만, 지금 생각하면 그것이 자신에게 상당히 도움을 주었다고 말하는 최진숙 씨는 무엇보다 결혼해서도 할 수 있는 업종이었기에 포기하지 않고 계속했다고 한다.

　"초창기에는 기계와 마주 앉아서 일한다는 게 비인간적 이라고 생각했어요. 그다지 매력적인 직업이 아니라고 느꼈 지요. 그럼에도 불구하고 정보시대를 살면서 컴맹이란 소리 는 듣기 싫었어요. 컴퓨터로 해낼 수 있는 전문분야가 있어 야겠더군요."

　로 엔지니어스는 4년 후 한국지사를 철수하고 미국으로

가버렸다. 인건비가 비싸서 투자의 효율성을 기대하기가 어렵다는 것이었다. 그때는 한참 컴퓨터업계가 어려운 시기였다. 때마침 한국인 사장이 (주)로 엔지니어스라는 이름으로 회사를 새로 만들고 미국과의 관계를 완전히 끊어버렸다. 전직원 12명으로 출발한 (주)로 엔지니어스는 이때부터 영업전쟁이 시작되었다.

첫작업이 'GI 시스템'. 지리정보시스템으로 일컬어지는 GIS(Geographic Information System)는 보관이 힘들고 훼손의 우려가 있는 지리정보를 도면화, 전산화하는 작업이다. GI 시스템의 보다 구체적인 활용범위를 알아보자.

"현재 땅에 대한 정보는 오류가 많고 체계화도 안 되어 있습니다. 인구, 주택분포, 지질 등 국토관련자료가 각 정부기관에 분산되어 있는데다 통계표나 재래식 지도형태로 보관되어 있기 때문에 이를 작성하는데 드는 돈이 중복되기 쉽고 자료를 공유하기도 어렵습니다."

사회가 발달함에 따라 국토정보에 대한 수요도 급증하고 있으므로 미국, 일본, 선진국처럼 우리도 종합적인 국토정보 관리시스템 개발이 시급하다고 그는 말한다. 행정구역, 지형지물, 산업활동, 지적, 교통망, 생태, 기간시설망, 환경오염 따위 국토관련자료를 컴퓨터로 수집, 저장·분석한다면 정보

활용도를 높일 수 있다는 얘기다.

컴퓨터로 관리하는 지리정보는 다양한 용도로 응용해서 사용할 수 있다. 가령 새 도시를 건설하면서 건축자재를 공사현장까지 원활히 공급하고자 할 때, 가장 가까운 바위산에서 돌을 채취해 교통소통이 가장 잘 되는 도로를 따라 골재를 나르도록 계획할 수도 있다.

국토정보관리 시스템을 구축하기 위해서는 무엇보다도 지형, 지적, 시설물, 지질에 대한 정확한 자료가 있어야 한다. 그러나 우리나라의 경우 이런 자료들이 너무 오래되어 오차가 크고, 전산화가 안 이루어져 효율적으로 활용하기가 힘들다. 철로 밑으로 무모하게 굴을 파는 바람에 발생한 무궁화호 열차사고도 따지고 보면 토지정보에 대한 몰이해가 가져온 참극이다.

"토지와 관련된 정보들을 컴퓨터에 입력한 뒤 이를 변환해 컴퓨터 지도를 만들어내는 체계를 GIS라고 합니다. 컴퓨터 지도에는 위치, 거리, 소유권, 교통망과 관련된 기본정보는 물론 땅밑에 어떤 시설물이 설치되어 있는지, 홍수가 많이 나는 지역은 아닌지, 공해상태가 어떤지 하는 다양한 정보가 수록됩니다. 지하시설물도, 예컨대 가스라인, 전화선, 전기선, 맨홀 등이 어디에, 어느 정도의 깊이로 묻혀 있나

하는 것들을 컴퓨터를 통해 한눈에 알아볼 수가 있죠. 이렇게 전산화되어 있으면 만약 수리해야할 필요가 있을 때 직접 땅 속에 들어가보지 않더라도 모니터를 통해 문제가 있는 곳을 알아낼 수 있습니다. 지리정보시스템은 매우 다양한 용도로 쓰일 수 있습니다. 교통상황을 파악해 정확한 교통정보를 제공할 수 있고, 홍수나 산사태같은 재해를 방지하거나 재해가 발생하더라도 피해를 줄일 수 있습니다. 토지의 비탈진 정도와 침식률을 계산한 뒤 강수량·일조량 등을 합성하면 산사태가 발생하는 것을 예측할 수도 있습니다. 미국의 피자 가게는 배달이 아주 빠르죠. 주문을 받으면 컴퓨터를 통해 배달할 곳까지 가는 가장 짧은 거리와 교통이 가장 덜 막히는 길을 찾아내기 때문입니다. 이것은 지리정보시스템이 발달했기 때문에 가능한 일이죠. 지리정보시스템을 이용하는 일은 국가의 기간산업에 속하기 때문에 프로젝트의 덩치도 클 뿐더러 캐드리스트들이 사명감을 갖지 않으면 안 된다.

최진숙 씨는 92년 5월 회사를 그만두었다. 햇수로 6년째 다니던 회사를 그만둔 데에는 다 그만한 이유가 있었다. 임금, 대우, 승진에 있어서 여사원에 대한 불평등이 계속되었고 그것 때문에 트러블이 잦아졌다.

여직원 7~8명이 단체로 사표를 내고 그만두었다.

"다시 직장에 들어가고 싶은 생각은 추호도 없었어요. 한 두 달 쉬다가 잘 아는 회사 사장님을 찾아가서 도와주면 회사를 차리겠다고 했지요. 그랬더니 선뜻 해보라고 하시더군요. 그래서 독립하기로 작정했습니다."

그녀가 이렇게 극단적 결정을 내린 것 또한 이 직업의 매력이라면 매력일 수 있다. 언제든지 독립해서 할 수 있는 일이니까. 그녀는 비로소 그동안 독립을 꿈꿔왔던 뜻맞는 친구 세 명과 홀로서기를 시도했다.

시작할 때 PC구입비 210만원, 디지타이저 240만원, 그외 소소한 사무용품 및 도구가 500만원, 합해서 1천만원 안쪽이 들었다.

"시스템만 갖춰지면 집에서도 할 수 있는 일이죠. 처음부터 사업자등록증을 내고 하려고 했는데 공간이 마땅치 않았고 갑자기 회사를 그만두었기 때문에 금전적인 준비도 여의치 않았어요. 그래서 각자 자기집에다 기본적인 시설을 갖춰놓고 일을 얻으러 다녔죠."

그녀는 회사다니던 때의 거래처를 일일이 방문해서 거래처 사장님께 사정 이야기를 했다. 일거리를 따내는 것은 그리 어렵지 않았다. 캐드리스트로서 경력 6년이면 최고참으로 인정받을 만한 경력이었기 때문에 능력을 의심받지는 않았다.

"일의 내용은 전직장에서 하던 일의 연장이었어요. 항만 청 부둣가의 도면설계, 원자력발전소 건축물 도면설계를 했 구요. 요즘은 철도주변에 광케이블을 묻는데 지리적 조건을 알기 위한 지형도를 그리는 작업을 하고 있어요."

사업자등록증이 없어서 회사로서 인정을 못받을 때가 제 일 불편하고 속상하다는 최진숙 씨는 멀지않은 장래에 친 구들과 힘을 합쳐 오피스텔이라도 마련할 작정이다.

최진숙 씨가 집에서 일하는 시간은 하루 8시간. 한 프로 젝트를 맡으면 긴 것은 두 달, 짧으면 2주 정도 걸리는데 보수는 시간당 만원 정도를 받는다. 거래하는 회사는 세 군 데 정도. 발주처에서 일이 몰릴 때 넘어오기 때문에 일단 일을 맡으면 정신없이 바쁜 게 흠이다. 계속 인간관계를 유 지하기 위해서 수시로 전화, 또는 방문을 통해 자신들의 존 재를 알려 놓는 일도 중요하다.

"이 일을 하는 보람이라면 국가의 일을 하고있다는 자부 심입니다. 한 프로젝트가 주어지면 시작하기 전에 모여서 일에 대한 평균적인 시간을 뽑습니다. 집에서 하니까 자칫 무질서해지기 쉽지요. 그래서 첫 작업이 시간에 대한 예산을 세우는 일입니다. 집안 일을 해도 회사일을 하는 것 같고, 회사 일을 해도 집안 일을 하는 것 같은 모호함을 철저하게 관리하지 않으면 재택시스템이 아무리 좋다고 해도 결코 성공할 수 없어요."

어려운 점은 역시 컴퓨터를 계속 봐야하기 때문에 눈이 피로하다는 것이다. 출산에 전자파가 작용한다는 말은 근거 없는 낭설인 것같다는 그녀는 오히려 눈이 피곤하고 팔이 아픈 것이 이 일의 직업병(?)이라고 알려준다.

얼핏보면 굉장히 단순한 일 같지만 꼼꼼해야 되고, 위에서 시키는 대로만 하면 금방 안주하게 되므로 다른 분야(그래픽, 프로그래밍)를 열심히 공부해서 끊임없이 발전해야 한다고 강조한다.

"캐드분야는 아직도 초창기라 학원 나오면 비교적 취업이 쉬운 편입니다. 또한 계속 발전하는 분야라서 노력하면 재미있게 할 수 있습니다. 단순한 일부터 시작하더라도 일의 영역이 명확하기 때문에 남의 간섭을 안 받는 것이 장점이라고 할 수 있지요."

오토캐드를 배워놓으면 CAD 용역회사에서 수요가 많은 편이고 현대, 쌍용같은 대기업에도 자체내 CAD실이 있어서 필요할 때 사람을 뽑는다. 6년이라는 비교적 오래된 경험 때문인지 일을 맡긴 발주자 측에서도 만족한다는 최진숙 씨는 '우리를 믿고 써주는 사람들이라 책임감을 더 느낀다' 고 한다.

그녀는 92년에 두 달간 일본의 CAD 현황을 알아보기 위해 연수를 다녀왔다. 견학한 일본회사에는 주부 아르바이트가 굉장히 많았고, 일본 주부들은 일을 안하는 것에 대해 오히려 불안해하고, 일을 안하고 그냥 있는다는 건 상상도 못한다고 한다. 그런 것이 몹시 부러웠다는 최진숙 씨는 CAD는 꼼꼼하고 섬세한 성격의 여성에게 알맞는 일이며, 자신이 상상할 수 있는만큼 비전있는 일이라고 말하는데 주저하지 않는다.

요즘 거리를 지나다보면 수퍼마켓과 패스트푸드점을 합해 놓은 것 같은 편의점들을 쉽게 볼 수 있다. 24시간 영업하는 훼밀리마트도 편의점의 하나인데 간결하고 화려한 디자인의 간판, 눈부시게 환한 내부공간이 행인들의 시선을 끌고 있다. 캐드리스트 현은희 씨(28세)는 이 편의점의 컴퓨터 설계를 담당하는 경력 4년의 미혼여성이다.

그녀가 근무하는 회사는 남강에이젠시라는 인테리어디자인 전문업체이다. 남강에이젠시에서 수주받은 훼밀리마트의 단면도(엘리베이션)와 설비(급수, 배수, 에어콘,후드)를 컴퓨터를 이용해 도면화하는 작업을 한다. 이를테면 매뉴얼은 똑같은데 형태가 다 다른 점포들을 각기의 규모에 맞게 설계하는 일이다.

"유통이나 편의점의 경우 매뉴얼화 되어 있으면 새로운 점포를 오픈했을 때 그것을 계속 활용할 수 있어서 좋고 시간과 원가를 절약할 수 있습니다."

현은희 씨는 남강에이젠시에 들어오기 전 조명회사에서 처음 CAD업무를 배웠다. 백화점같은 데서 주로 쓰이는 조명기구를 설계하는 일이었는데, 이때 퇴근 후 CAD학원 다니면서 6개월동안 배운 것이 본격적으로 이 길을 걷게된 계기가 되었다.

"처음엔 CAD하면서도 적성에 맞는지 안맞는지조차 모르면서 했어요. 무용을 전공하고 비서직을 조금 하다가 우연히 조명회사에 들어갔거든요. CAD가 뭔지를 알아갈 무렵 지금 다니는 회사에 오게 되었어요. 그때가 91년 5월인데, 그때만해도 인테리어 쪽에 CAD가 많이 활용되지 않았어요. 주로 기계, 설비, 건축 쪽에서 많이 활용했지요. 오래 하다보니까 지금은 적성에도 맞는 것같고 자꾸 욕심도 생기고……"

현은희 씨는 수학이나 엔지니어링 전공이 아니라서 무언

가 새로운 시도를 할 때마다 스트레스를 받는 건 사실이다. 전공한 사람과 안 한 사람의 차이가 있다면 일보다도 오히려 심리적 부담이 더 큰 것 같다고 그녀는 말한다.

"건축일반, 건축환경, 건축재료에 대해 이해가 있으면 훨씬 창조적인 작업을 할 수가 있지요. 컴퓨터를 사용하지만 도구로써 이용하기 때문에 결국은 인간의 감성과 창조력이 관건이라고 봐요. CAD 그 자체가 무엇을 해낼 수 있는 것은 아니거든요."

계속 학원을 다니면서 배우고 싶어도 갑자기 일이 떨어지는 경우가 많아서 시간을 내기가 무척 어렵다고 한다. 공부를 한다면 투시도 쪽으로 해볼 생각이다.

"같은 일의 반복이 계속될 때는 회의가 들기도 하죠. 기능 이외에 발전이 없을 때는 스스로가 긴장상태를 만들어서라도 발전하기 위한 노력을 해야 합니다. 또한 현장에 나가서 막일하는 사람과 같이 시공할 수 있으려면 전문지식을 습득해야 하고 성격도 무던해야지요."

그녀는 자꾸 기계화되어가는 자신을 느낄 때마다 CAD는 설계를 편하게 해주는 하나의 도구일 뿐, 그 이상도 그 이하도 아니라는 점을 되새긴다. 결국 훌륭한 설계를 창출해낼 수 있는 것은 이러한 설계도구가 아닌 인간의 감성이라는 사실을 깨닫게 되는 것이다.

오늘날 컴퓨터 그래픽을 디자인 프로세서의 여러가지 상황에 사용하고 있지만 컴퓨터그래픽을 도입하기 전에 한가지 걱정스러운 것은 바로 디자인 개념에 대한 생각이 다르다는 것이다.

하지만 지금까지 모델제작이 되기 전에는 확인이 불가능하던 형태가 CAD를 이용하여 컴퓨터 모니터상에서 바로확인이 가능하게 되었다. 작성된 도면에 수정이 바로 가능하므로 보다 정밀하게 다룰 수 있게 된 것이다.

이를 분야별로 보면 CAD는 건축분야와 산업디자인 분야등에서 디자인툴로 활발히 활용되고 있으며, 컴퓨터 그래픽은 에니메이션과 프레젠테이션용으로 제작되고 있다. 우리나라의 CAD는 본격적인 보급기에 들어섰다. 캐드리스트가되고자 한다면 지금이 적기가 아닐까 싶다.

서울시내만 해도 CAD교육을 하는 전산학원은 50여 곳이있다. 이들 학원에서는 대부분 월 20여만원 선의 수강료를받고, 6개월 내지 1년과정으로 강의를 한다. 그리고 수료후취업을 알선해주고 있다.

앞에서도 언급했듯이, CAD는 그림을 그리는 것이 아니라제도를 하는 것이기 때문에 건축, 기계를 전공한 이공계 학생들에게 유리하다. 그러나 전공이 크게 문제가 되는 것이 아니고 컴퓨터 마인드가 있고 섬세한 성격의 소유자라면 누구든 배울 수 있다.

학원의 정규과정을 수료하게 되면 아직은 취업이 쉬운 편인데, 자격증을 취득해 놓으면 취업은 더욱 유리하다. 자격증은 ATC증서와 국가공인자격증이 있는데, 다른 분야와는 달리 ATC증서가 국가공인자격증보다 더 큰 의미를 갖는다.

ATC는 미국 Auto Desk사의 Auto CAD지점교육센터를 말하는 것으로, ATC 인정서는 Auto CAD를 사용하는 어느 국가에서나 인정받을 수 있기 때문에, 그 증서를 가지고 있으면 외국으로 유학이나 이민을 갈 경우에도 그 나라에서 재교육을 받을 필요가 없다.

이에 비해 국가공인자격증(전산응용설계사)은 시험횟수가 적어 아직은 일반인에게 낯선 분야이고, 자격증의 분류부분도 정보처리분야가 아닌 기계분야에 속해 있어 그 공신력이 크지는 않다.

ATC증서는 그 증서를 수여하는 학원을 선택해서 강의를 들으면 취득이 가능하지만, 전산응용설계 자격증은 한국산업인력관리공단에서 주관하는 시험에 합격해야 한다. 시험

과목은 기초역학, 기계설계, CAD, CAM 기초 및 기계제작법, 전산응용설계, 전자계산기 일반 및 프로그래밍 등과 같은 5과목으로 시험공부하기가 좀 힘든 편이다.

이 직업의 매력포인트는 독립해서 사무실을 내기가 쉽다는 점과 아직까지 전문가의 수가 적어 경력에 따른 보수차이가 크고, 창의적·전문적인 일이므로 비교적 자유롭게 일할 수 있다는 점이다.

⑧
컴퓨터 패션디자이너

패션의 과학화,
생산공정의 자동화

옷이라는
날개를 만드는 의류
업체들은 항상 앞서나가는
모양새를 선보이기 위해 최선을 다한다.
이미 컴퓨터는 패션산업계의 깊숙한 곳까지 자리잡고
점차 그 역량을 넓혀나가고 있는데, 우리나라
패션업계의 컴퓨터보급률은 1993년 현재
15%로 서구나 일본의 50~60%에
비하면 아직도 요원
하기만 하다.

한국이 패션수출국으로 성장할 수 있을 것인가.

패션의 과학화, 생산공정의 자동화만 이루어진다면 얼마든지 가능한 일이다. 패션인력의 감각은 세계 어느나라에 비해 뒤떨어지지 않는데 수공업적인 생산공정으로 인해 시간이 허비되고 정확도가 떨어지는 것이다. 결국 패션의 세계화를 위해 패션계의 컴퓨터화는 불가피한 것이다.

컴퓨터가 패션에 응용되는 부분은 크게 세 단계로 나뉜다. 첫번째는 컴퓨터 그래픽 단계로서 화면 상에서 디지타이저로 옷의 모양을 다양하게 그려보고, 키보드로 색상을 입혀보는 디자인 과정이다. 또한 텍스타일 디자인이라 하여 옷감의 재질과 무늬, 색상, 조직의 형태를 디자인하는 직물 분야도 컴퓨터를 이용해 제3의 디자인을 창출한다.

두번째는 컴퓨터 패턴작업이다. 수치를 계산해 패턴을 금방 그려내고 이것을 다시 사람 치수별로 나누어 여러 개의 패턴으로 변화시킨다. 이를 '그레이딩'이라고 한다. 또한 컴퓨터의 데이터베이스에 저장해 놓은 패턴을 불러내 약간의 수정만 가해 활용하기도 한다. 그리고 화면에 가장 효율적인 패턴배열(마킹)을 그려내고 이것을 실제 크기의 컴퓨터 용지에 프린트해서 뽑아낸다.

세번째는 생산과정의 컴퓨터화이다. 시접처리까지 완벽하

게 그려진 용지를 원단에 올려 놓고 컴퓨터가 재단을 한다. 물도 뿌려지고 레이저를 이용한 자동커팅기가 원단을 자르는 것이다. 이러한 세 가지 전과정을 일컬어 컴퓨터 패션이라고 하지만 이 세 단계가 부분적으로 이용되기도 한다.

옷이라는 날개를 만드는 의류업체들은 항상 앞서 나가는 모양새를 선보이기 위해 최선을 다한다. 이미 컴퓨터는 패션업계의 깊숙한 곳까지 자리잡고 점차 그 역량을 넓혀나가고 있다.

디자인분야의 경우 386및 486급 PC와 엔지니어링 웍스테이션이 전용시스템으로 사용되고 있는데 디자인쪽 기종은 패션의 선발대로 그 책임이 막중한 셈이다. 우리나라 패션업계의 컴퓨터 보급률은 15%. 서구나 일본의 50~60%에 비하면 아직도 요원하기만 하다.

패션산업의 완전자동화를 위해 애쓰고 있는 S통상의 이승숙(35) 씨. 패션디자이너라면 누구나 소망하는 패션의 컴퓨터화를 위해 정열을 쏟은 지가 5년째이다.

"컴퓨터를 이용한 디자인이 의류업계에 선보인 것은 지난 70년대 말이었죠. 그러나 그 당시는 그저 와이셔츠 디자인 정도에 머물러 극히 초보적인 단계를 면치못했습니다. 의류업계로는 대우실업과 삼성물산이 CAD 도입의 원조격

으로 기록되어 있고, 80년대 초반부터 수출용 의류생산업체를 중심으로 CAD를 사용하는 것이 늘기 시작했습니다."

신성통상과 제일모직, 그리고 서광산업, 협진, 상미실업, 삼도물산, 세계물산 등이 이즈음에 CAD를 갖추었고 중반 이후부터는 성도어패럴, 진도모피, 그리고 신원, 이랜드 등의 신진업체들이 전산에 높은 관심을 보이고 있다. 의류업체마다 전산실과는 별도로 CAD실이 운영되고 있는데 이곳이 하이패션을 창조하는 원산지이다.

컴퓨터가 도입되면서 재단실에도 많은 변화가 따랐다. 과거에는 재단을 위해 사람의 몸통처럼 생긴 바디(Body)를 만들어 놓고, 그 위에다 원단을 대고 핀을 꼽아가며 그 자리에서 재단을 했으나, 이제는 CAD시스템이 이 일을 대신 수행하고 있다. 최소 10년 이상의 경력을 가진 고도의 기술자가 자신의 감각을 바탕으로 재단하고, 사람의 체형에 따른 많은 숫자의 바디가 필요했으나 이제는 그렇지 않다. 모니터 앞에 앉아 키보드나 마우스만 간단히 움직여주면 그 나머지는 컴퓨터가 다 알아서 해주기 때문이다.

이승숙씨는 연세대 의류학과를 졸업했다. 졸업하고 처음 취업한 곳은 의류를 수출하는 무역회사였다. 지금 하고 있는 일과 내용이 사뭇 달랐지만 졸업과 동시에 학교에서 추천해준 직장이라 '무조건 열심히' 주어진 일만 했다고 한다. 스물네살부터 3년간 무역회사에서 한 일은 회사 대표의 비서겸 무역 전반에 관한 일이었다.

"외국에서 오는 편지를 번역하고 신용장 쓰는 일도 했어요. 보람을 느끼며 일했지요. 그러던 어느날 회사 디자인실을 출입하게 되었는데 그 일이 대단히 창조적으로 보였어요. 디자이너들의 표정도 당당해 보였구요. 은근히 디자인 쪽에 관심을 갖고 지켜보았죠."

의류학을 전공한 그녀였지만 순수디자인학을 공부하고 싶은 욕망이 샘솟듯 일기 시작했다. 이승숙 씨는 사장님에게 직접 사표를 제출했다. 내 삶의 새로운 전개를 위해 좀더 공부를 해야겠다고 사표이유를 밝혔다. 사장님도 '아쉽지만 내가 도울 수 있는 방법이 있었으면 좋겠다'고 했다.

그녀는 디자인 공부를 하려면 무조건 파리로 가야 한다는 고전적인 생각을 갖고 있던 터였다.

"사표를 내고 무조건 유학수속을 밟았습니다. 일단은 어학과정을 이수해야 했기 때문에 어학과정 동안 어느 학교를 갈 것인지 생각하기로 했습니다. 빠리에서의 유학을 마치고 서울에 오자 한국은 아직도 수작업으로 옷본을 떠 가위질하는 것이었어요. 제가 유학가기 전이나 돌아온 후나

달라진 것이 별로 없더군요."

한마디로 패션산업으로는 수준미달이 아닐 수 없었다. 싼 가격으로 옷을 팔아 외화를 벌어들이던 섬유수출국이 아닌, 우리나라도 유명브랜드를 가진 고부가가치 아이템으로 성장해야 한다는 당위성으로 볼 때는 너무도 수공업적인 수준이었다. 이승숙 씨는 이제부터라도 제 가격을 받고 옷을 팔고, 고가품의 브랜드를 만드는 패션산업의 단계로 도약해야 한다고 주장한다. 또한 그것이 우리 섬유업계의 새로운 활로일 수밖에 없다는 것이다. 그러기 위해선 감각이 뛰어난 우수인력과 선진화, 과학화된 생산과정이 관건이다.

컴퓨터 패션디자이너가 되기 위해서는 의상학이나 디자인을 전공하거나 의상 디자인학원, 또는 컴퓨터 캐드학원을 거쳐서 컴퓨터 그래픽에 대한 소양을 쌓아야 한다. 그러나 중요한 것은 컴퓨터 조작기술이 아니라 의상디자인에 대한 수준 높은 안목이 이 직업의 성공여부를 좌우하는 시금석이다. 일본만 해도 10여년 전에 태동해 이제는 중소업체라 해도 컴퓨터 이용이 당연시되고 있는데 비해 국내에선 아직도 '첨단'이라는 접두어를 떼어버리지 못하고 있는 실정이며 교육하는 기관도 손꼽을 정도이다.

컴퓨터 텍스타일 디자인 분야는 나래디자인 학원과 시대

복장학원에 교과과정이 있으며, 컴퓨터 패션의 전과정을 가르치는 곳은 코오롱 패션산업연구원이 있다. 이곳에선 평소에 CAD를 교과과정으로 각 과에서 강의하고 있고, 여름방학과 겨울방학 때 7주에 걸쳐 컴퓨터 패션에 대한 특강을 실시한다. 이 특강은 기초과정 1년을 이수한 사람이나 의상학과 초대졸자를 대상으로 일주일에 세 번씩 이루어진다.

컴퓨터 패션이 일반적인 디자인과 다른 별도의 능력을 필요로 하는 것은 아니지만 컴퓨터의 모든 기능을 익숙하게 활용할 수 있을만큼 숙달되어야 한다. 아직도 손작업에 익숙한 디자이너들은 컴퓨터 사용이 오히려 불편하다고 하지만 패턴을 입력하는 디지타이저와 작업스테이션, 그리고 마킹된 재단용지를 그려내는 플로터가 연필과 지우개 역할을 대신하게 된다.

패턴을 뜨는 사람에 따라 편차가 컸던 패턴들을 표준화하여 이를 재사용하고 영구보존하는 것도 가능하다고 말하는 컴퓨터 패션디자이너 이승숙 씨는 '이제 컴퓨터 패션의 세계는 독창적인 아이디어 싸움이 될 것'이라고 전망한다.

❾
게임 디자이너

컴퓨터 분야의 엔터테이너

컴퓨터 게임은
상상력과 사고력을 증진시키고
누구나 쉽게 컴퓨터와 친해질 수 있도록
도와주어 컴퓨터 문화 확산에 지대한 역할을 하는
부분이며, 게임 자체의 시장규모도 급속
도로 확대되고 있어 매우 전망
있는 분야이다.

컴퓨터를 사용함에 있어 많은 부분을 차지하는 것들 중 하나를 꼽는다면 단연 게임을 빼놓을 수 없을 것이다.

대부분의 사람들이 컴퓨터 게임에 대해 부정적인 견해를 가지고 있다. 그러나 컴퓨터에서 게임이란 하나의 엔터테인먼트로서 컴퓨터 분야의 영화와 같은 존재이다. 영화를 모든 예술의 종합체라고 이야기하듯 게임은 바로 컴퓨터의 종합적인 분야이다.

컴퓨터 게임은 형태에 따라 몇 가지로 분류할 수 있다. 우선 학생들이 많이 즐겨 하는 아케이드, 비행기, 탱크, 잠수함 등과 같은 기본소재를 기초로 하여 만든 시뮬레이션, 과거의 전쟁이나 미래의 가상적인 전쟁을 기초로 하여 만든 전략 시뮬레이션, 운동경기 등을 할 수 있는 스포츠 게임, 등장하는 주인공을 발전시켜 나가는 롤플레잉 게임, 컴퓨터와 대화를 하며 게임을 이끌어 가는 어드벤처 게임 등으로 나누어진다.

세계 최초의 게임 디자이너는 '팩맨'을 개발한 일본의 이와타니 토오루(Iwatani Toru)이다. 그는 일본 동경의 메구로구에서 태어났다. 그는 컴퓨터 시각예술, 그래픽 디자인에 대한 교육을 한 번도 받은 적이 없다. 오직 혼자 힘으로 공부하여 1977년 22세 때 동경에 있는 비디오게임 소프트웨어

제작회사 '나무코'에 입사했다. 그는 이곳에서 자신이 걸어가야 할 게임디자인 개발의 길을 발견하고 4명의 스텝과 함께 '팩맨'이라는 게임을 연구하여 1년 5개월 만에 완성시켰다. 이 게임은 먼저 일본에서 판매하여 크게 성공한 뒤 여러나라에 수출되어 미국인과 유럽인의 마음을 사로잡았다. 그는 팩맨 프로젝트를 끝낸 뒤에도 계속해서 게임 디자인을 연구해 최대의 회심작 '라블라블'을 만들어냈다.

우리나라에도 90년대에 이르러 300만대 가까이 보급된 퍼스널컴퓨터 덕분에 컴퓨터 게임은 급속도로 대중화되고 있다.

국내 게임 소프트웨어 시장은 매년 큰 폭의 신장세를 보이고 있으나 국내의 관련기술은 상대적으로 낙후되어 일본과 미국이 공급을 주도하고 있는 실정이다. 국내 수요를 충당하기 위해 외국에서 들여오는 게임 소프트웨어는 연간 200여종 정도라고 한다. 하지만 이 수요 가운데 허가받은 제품들은 10%선이고 정식 수입품의 10배에 해당하는 분량의 무단복제품이 국내시장을 장악하고 있다.

국내업체에서는 게임의 국산화와 건전화에 총력을 기울이고 있지만 그렇게 쉬운 문제는 아닌 듯하다. 기술수준도 문제지만 하나의 컴퓨터 게임을 만들기 위해 참여하는 시

나리오 작가를 비롯, 프로그래머, 음향담당자와 그래픽 디자이너까지 여러 전문인력이 확보돼야 하기 때문이다.

컴퓨터 게임은 상상력과 사고력을 증진시키고 누구나 쉽게 컴퓨터와 친해질 수 있도록 도와주어 컴퓨터 문화확산에 지대한 역할을 하는 부분이며, 게임 자체의 시장규모도 급속도로 확대되고 있어 매우 전망있는 분야이다. 그럼에도 불구하고 전문인력의 부족문제는 역설적으로 이 분야에 진출하도록 하는 유인조건이 된다.

만화영화 전문학원을 수료하고 동아애니메이션센터에서 5년간 만화영화를 제작해 온 나윤진(31) 씨는 우연찮게 게임 디자이너가 되었다.

"현대 컴보이 프로젝트를 아르바이트로 하면서 게임 디자인의 세계에 매료되었어요. 그동안 만화영화를 많이 보고 또 만화를 많이 그렸던 것이 게임 디자인 작업에 결정적인 도움을 주고 있어요. 전문직이라는 것이 어느날 갑자기 하늘에서 뚝 떨어지는 것이 아니라고 봐요. 한 가지 일을 꾸준히 하다보면 우연한 기회에 그 일과 연관된 작업을 하게 되고, 새로운 일에 남다른 호기심과 관심을 갖고 서로 접목시킬 부분이 무엇인지 연구하다보면 어느새 전문가라고 불리워지는 위치에 이르게 되는 거지요."

　나윤진 씨는 애니메이션 분야에서 일하고 있는 사람들이 게임 디자인에 관심을 가지면 유리할 것이라고 조언한다. 일종의 문화상품이기도 한 게임 프로그램이 외국의 소프트웨어에 의해 장악되고 있다는 것은 우리의 게임 문화를 초토화시키는 것이라고 강조한다.

　그렇다면 게임 디자이너는 어떤 기술과 사고방식을 가져야 성공할 것인가. '팩맨'을 개발한 이와타니 토오루는 가장 먼저 인간의 근원적 감성을 이해할 수 있어야 한다고 자신의 견해를 피력한다.

　"다른 사람이 상상하지 못하는 것을 상상할 수 있는 능력을 가지고 있어야 한다. 다른 사람의 프로그램과는 다른 느낌으로 만들어야 하니까. 그리고 다른 사람과는 분명하게 다른 개성을 가지고 있어야 한다. 게다가 게임을 만들어내기 위해 다양한 이미지를 마음 속에 그릴 줄도 알아야 한다. 그리고 처음에 떠오른 아이디어와 쉽게 타협해서는 안 된다. 무엇보다 중요한 것은 사람을 기쁘게 하는 일을 자신의 기쁨으로 생각해야 한다. 우수한 게임 디자이너가 되기 위해서는 기본적으로 이 정도는 가지고 있어야 한다."

　최근들어 게임디자인 분야에도 몇 가지 변화의 조짐이 보이고 있다. 전자오락 게임의 개발팀들이 생기고 그 개발

팀 안에서 서서히 전문가들이 부상하고 있는 것이다. 한편 정부에서도 기술자금을 지원하겠다는 의지를 보이고 있어 국내 게임 소프트웨어 산업에 희망을 더해주고 있다.

얼마전 (주)쌍용이 컴퓨터 게임 사업에 뛰어들었다. 쌍용은 최근 미국의 컴퓨터 게임 회사인 루카스 아추사와 손잡고 첫제품으로 '매니악 맨션 2'를 내놓았다. 현재 국내의 컴퓨터 게임 시장은 동서산업개발과 선경계열 SKC가 대부분을 점유하고 있으며, 대기업의 게임시장 참여는 SKC에 이어 쌍용이 두번째다. 쌍용은 외국 게임 프로그램의 라이센스 제작판매 위주에서 벗어나 사업초기부터 외국의 게임을 한국화 하거나 국산게임을 자체제작하는 일에 힘쓸 계획이라고 한다. 쌍용의 한 관계자는 이미 개발을 위한 전문인력을 확보해 놓았으며 94년 9월부터 매년 3편 이상의 한글화 된 게임을 발매할 예정이라고 한다. 또 전세계 40여 곳의 해외영업망을 활용하여 국산게임의 수출도 모색할 계획이라고 한다.

게임 디자인을 하기 위해서는 우선 컴퓨터 그래픽의 세계를 이해할 필요가 있다. 컴퓨터 그래픽은 비디오 화면을 도화지 삼아 디지타이저나 키보드 등의 전자붓으로 그림을 그리는 것인데 컴퓨터 그래픽을 이용한 만화영화가 등장하고 전자오락 게임의 게임 디자이너로 전문화되고 있다.

　게임용 시나리오가 완성되면 기획팀과 머리를 맞대고 주인공의 캐릭터를 결정한다. 그때부터 게임 디자이너의 참여가 시작된다. 캐릭터의 모습과 주요 움직임, 장애물들과 배경화면을 구상해서 일단 종이에 그리고 채색한 원화를 완성한 후 모니터에 그려넣는다. 이 과정은 수정과 보완을 계속해야 하므로 상당한 기간이 걸린다. 완성된 형태를 확실하게 머릿속에 그려놓고 작업에 들어가야 한다. 색상표현에 있어서도 제한된 색을 적절히 배합해서 원화에 가까운 화면을 완성해내는 색채감각이 요구된다. 그리고 게임의 생명인 주인공의 캐릭터를 강하게 표현하는데 주력해야 한다. 따라서 게임 디자이너는 컴퓨터 그래픽 기능이 있어야 하고 사물의 특징을 포착해 재현해 낼 수 있는 데생능력과 연속동작을 표현하는 애니메이션 지식이 요구된다.

　일본의 경우 워낙 게임시장이 활성화된 터라 게임 디자이너를 양성하는 전문학원에서 인력을 배출하고 있으나 우리나라는 이러한 학원이 전무한 실정이다. 앞서 이야기한 바와 같이 컴퓨터 관련 직종에서 일하다가 이 분야를 익혀 진출하는 경우와 애니메이션을 배운 사람이 컴퓨터 시스템을 숙지해 진출하는 경우이다.

　최근 국내개발이 성과를 거두면서 앞으로 많은 가능성을 눈앞에 두고 있는 컴퓨터게임 분야는 국제적인 저작권 시비로 몸살을 앓고 있는 지금 많은 젊은이들이 사명감을 갖고 뛰어야할 분야이다. 더욱이 창조적인 작업을 희망하는 여성들에게 권하고 싶은 직종이기도 하다.

미술적 창조력을 담보한 테크니시안

"미술을
전공한 사람은
컴퓨터에 대한 이론이
필요하고, 전산을 전공한 사람은
미술적 감각이 요구됩니다. 신문이나 단행본
편집의 경우는 덜 하지만 시각효과가 강조되는 잡지의
경우 미술적 안목이 상당히 중요하거든요.
컴퓨터 편집의 매력은 자유자재로
레이아웃을 바꿔볼 수
있다는 점이죠."

출판·인쇄분야에 정보기기의 활용이 급속도로 확산되면서 그에 걸맞는 새 직종들이 속속 출현하고 있다.

컴퓨터 에디터라는 직업도 그 중의 하나로서 신문사, 출판사, 잡지사, 디자인하우스의 편집·디자인 분야에서 일하는 사람들에게 관심의 대상이 되고 있다.

한 사회에서 정보화의 정도가 심화될수록 그 전문성이 강조되고, 정보기기에 대한 이해와 활용능력이 중시되게 마련이다. 아직은 컴퓨터 관련직종에 대한 명확한 규명이 이루어지지 않아 개인에 따라 약간의 혼돈이 있는 것도 사실이지만, 보다 넓은 영역으로 묶는다면 다소 이해하기가 쉬워진다.

'92년 11월에 창간호를 낸 여성지 '엘르'에서 컴퓨터 편집 디자인을 하고 있는 이은주(31) 씨는 컴퓨터 에디터의 1세대로 보아 무방할 것이다.

불란서에서 발행하는 여성지의 한국판인 '엘르(ELLE)'는 창간 때부터 컴퓨터 시스템을 도입했다. 창간호를 내기 3개월 전에 입사해 창간작업을 해낸 이은주 씨는 잡지 일이 하면 할수록 사람을 끌어 들이는 마력이 있는 것 같다고 얘기한다.

"실제로 컴퓨터 편집을 하기 시작한 건 1년 남짓밖에 안

돼요. 잡지 편집디자인을 시작한 지는 6년 정도 됐지만 우리나라 잡지계에 컴퓨터 시스템이 도입된 시기가 그리 오래지 않거든요."

1963년생인 이은주 씨는 단국대 시각디자인학과를 졸업했다. 그가 다닐 때는 응용미술학과였는데 몇년 전에 시각디자인학과로 명칭이 바뀐 것이다.

대학을 졸업하자마자 이은주 씨는 혜화동에 있는 '안 그라픽스'에서 고정 프리랜서로 일했다. 프로젝트를 맡아 일을 했는데 주로 기업체 홍보책자와 사외보 등을 많이 했다. 88년에 일을 시작하고부터 자잘한 아르바이트도 무척 많이 했지만 지금처럼 잡지쟁이(?)로 정착하리라고는 예상하지 못했다고 한다.

안 그라픽스에서는 학교에서 배운 것과 실제상황의 차이를 확인하고 현업의 감각을 익힌 시기였다.

"처음엔 디자이너가 잡지 쪽으로 가는 게 바람직하지 않다고 생각했어요. 디자인은 창조적인 작업이고 끊임없이 새로운 것을 추구해야 하는데, 잡지의 경우 한번 틀이 정해지면 일정기간 동안 그 틀을 벗어나기가 쉽지 않다는 생각을 한 거죠. 잡지 일이 다지이너로서의 발전에 도움이 안 된다고 보았습니다."

그러나 '오픈'이라는 여성지에 정식으로 입사하면서부터 잡지 편집디자인이 그리만만치 않다는 것을 느꼈다. 읽는 잡지에서 보는 잡지로, 또한 모든 매체가 시각(Visual)을 강화하고 있는 추세로 볼 때 여성지는 더욱 영상적 이미지에 비중을 두지 않을 수 없기 때문이다.

"오픈에서도 매킨토시가 있었는데 100퍼센트 활용을 못했어요. 그 때는 저도 컴퓨터 편집을 배워야 되겠다는 적극적인 자세정립이 안 되었구요. 지금 이곳에 오면서부터 본격적으로 배웠지요."

'엘르'에는 매킨토시 SI 두 대와 CI 두 대가 있다. 컴퓨터 에디터는 모두 네 명으로 한 사람이 기계 한 대씩을 맡아 하고 있다. 전문기관이나 학원을 다니면서 배운 게 아니기 때문에 처음엔 굉장히 힘들었다고. 특히 컴퓨터를 전공한 사람이 아니기에 겪는 기계에 대한 거부감이 컸음은 물론이다.

"미술을 전공한 사람은 컴퓨터에 대한 기본적인 이론이 필요하고, 전산을 전공한 사람은 미술적 감각이 요구된다고 봅니다. 신문이나 단행본 편집의 경우는 덜하지만 시각효과가 강조되는 잡지의 경우 미술적 안목이 상당히 중요하거든요."

이은주 씨는 컴퓨터 에디터가 되기 위해 필요한 자질 중 기본적인 것은 위의 두 가지이지만 일러스트, 그래픽, 서체에 대해 관심 끊임없이 개발하려는 노력이 필요하다고 말한다.

잡지사의 경우 컴퓨터 시스템을 활용하게 되면 기존의 잡지사 편집부의 분위기와는 영 다른 풍속도를 만들어낸다.

우선 원고지 대신 디스켓이 이 부서, 저 부서로 옮겨 다닌다. 예컨대 기자들이 원고를 작성하면 컴퓨터 에디터들이 급수를 매겨서 오퍼레이터에게 넘긴다. 동시에 사진은 미술부로 넘겨진다. 1차 교정을 보아야 하기 때문이다. 교정이 끝나면 원고는 다시 미술부에 넘어간다. 이 원고를 컴퓨터 에디터가 모니터상으로 레이아웃한다. 이 대목에서 고전적 의미의 대지작업이 생략되고 컴퓨터 레이아웃이 진행되는 것이다.

"처음엔 능숙하지 않아서 힘들었지만 기계에 익숙해지니까 손으로 하는 것보다 훨씬 쉽고 편리합니다. 특히 컴퓨터 편집의 매력은 자유자재로 레이아웃을 바꿔 볼 수 있다는 점이죠. 그림이나 사진이 글자를 파고들 때도 예전같으면 일일이 따붙이기를 했는데, 지금은 키보드 하나를 눌러서 얼마든지 원하는 디자인을 창출해낼 수가 있으니까요. 손작업하던 때가 까마득한 옛날같이 느껴져요. 처음엔 머리(아이디어)와 손(키보드)이 따로 놀았는데 2개월 정도 습득하고 나니까 손과 머리가 하나처럼 움직이지요."

실제의 책사이즈에 맞는 그리드를 컴퓨터 화면상에 미리 잡아 놓고, 마진·행간·활자의 크기도 고정된 상태에서 원고를 입력시키면 그 안에서 왔다갔다 하면서 글줄(글의 길이)도 바꾸고 2단, 또는 3단으로 바꾸기도 한다. 손작업으로 할 때는 엄두도 못내던 일들이다.

사진의 경우도 '포토샵(Photo Shop)'이라는 프로그램이 따로 있어서, 슬라이드이든 인화지이든 스캔을 받아 자유롭게 레이아웃이 가능하다. 단행본보다는 잡지 쪽에서 훨씬 유용한 시스템이지만 우리나라 잡지계가 적극적으로 이 시스템을 도입하지 않는 이유는 아무래도 비싼 기계값 때문이다. 순수 디자인하우스에서 많이 활용할 뿐 잡지·출판사는 어느 정도 시일이 걸려야 할 것으로 보인다.

컴퓨터 에디터를 필요로 하는 곳은 주로 신문사의 편집부, 기업체의 홍보실, 5천개가 넘는 출판사와 4천개가 넘는 잡지사 그리고 컴퓨터 편집을 가르치는 학원의 강사 자리가 있다. 영세한 출판사나 잡지사의 경우 아직은 컴퓨터 편집시스템 도입이 요원하다 해도 미래를 보고 배워두면 훌륭한 전문직으로 인정받을 수 있을 것이다.

매월 중순부터 25일까지가 제일 바쁘지만 아직은 결혼 전이라 밤 12시까지 하는 야근도 불사한다는 그녀는 잡지 일이 늘 그렇듯 일이 한꺼번에 몰릴 때가 제일 힘들다고 한다. 편집부에서 계획적으로 일이 나누어지는 게 아니라 막판에 몰려 넘어오기 때문에 그 때가 못견디게(?) 힘들다고 한다. 일의 속성상 야근을 운명으로 받아들인다는 이은주씨는, 그래도 일이 재미있기 때문에 받아들이는 것 아니겠느냐며 이 일이 자신에겐 천직임을 시사한다. 하지만 그는 이 분야의 내노라 하는 전문가가 되기 위해 아직도 배워야할 게 많다고 생각한다. 일러스트와 컴퓨터 그래픽은 물론, 어학과 컴퓨터 서체를 개발하고 싶은 욕심을 갖고 있다.

"매킨토시로 할 수 있는 게 무궁무진한데 우리가 다 활용하지 못하고 있는 게 안타깝습니다. 우리는 지금 50퍼센트도 활용을 못하고 있지요."

이은주 씨는 아이디어를 얻기 위해 외국잡지를 많이 사서 본다. 월급에서 자기개발비로 나가는 돈이 수월찮다고 말하는 그녀는 주로 '마담 피가로', '보그', '바자', '훼무', '내 쇼날 지오그라픽' 등의 외지(外誌)를 사서 봄으로써 새로운 정보를 얻는다.

"국내 잡지는 일부러 안 봅니다. 국내 잡지를 보면 나도 모르게 그 쪽을 따라가게 돼요. 인간에겐 무의식적인 모방 심리가 있는 게 아닐까 생각해요."

국내 잡지와 외지의 차이가 있다면 우리나라 잡지는 한꺼번에 여러가지를 많이 보여주려고 하는데 비해 외지는 보여주고자 하는 한 가지를 밀도있게 보여주는 것이 다르다. 그녀가 모아둔 자료는 주로 잡지 종류로 수백권 정도. 손톱이면 손톱에 관한 자료만 집중적으로 모으고 패션, 구두, 악세사리, 화장품 등 한 가지를 집약해서 모아 두면 자연히 전문화가 된다는 것이다.

"쉬지 않고 새로운 것을 입수하지 않으면 틀을 벗어나기가 어려워요. 일단 여러 종류의 책을 많이 보아야 합니다. 미국 잡지는 도회적 냄새가 너무 강해서 맘에 안 들어요. 반면 불란서 잡지는 문화적으로 세련된 느낌이 있어서 제 취향에 맞아요."

이은주 씨와 인터뷰를 하다 보면 시각디자이너로서의 전문성을 담보한 컴퓨터 에디터야말로 아무나 쉽게 따라할 수 없는 전문가라는 생각이 든다. 무엇을 하느냐 보다 어떻게 하느냐가 인생을 바꾼다는 말이 새삼 떠오른다.

전자출판(DTP) 요원

정보시대의 출판혁명

일반사람들은
전자출판이라고 하면
흔히 컴퓨터를 이용한 편집의
형태라고 알고 있다. 그러나 전자출판의
의미가 그렇게 단순한 것은 아니다. 전자출판은
크게 두 분야로 나뉘는데 하나는 우리가 일반적으로
책이라고 일컫는, 종이를 매체로 한 읽을거리를
제공하는 것이고, 다른 하나는 종이가
아닌 매체로 된 읽을 것을 제작
하는 과정에서 컴퓨터를
활용하는 것이다.

최근들어 전자출판이란 말이 자주 사용되고 있다. 특히 신문사나 대형출판사 등에서는 전자출판이나 전산조판 시스템과 같은 말을 적잖이 쓰고 있다. 아직까지는 전자출판을 이용한 편집이 활성화되지 못한 상황이지만, 컴퓨터 문화가 발달함에 따라 전자출판을 통한 편집이 보편화될 것으로 보인다.

일반사람들은 전자출판이라고 하면 흔히 컴퓨터를 이용한 편집의 형태라고 알고 있다. 그러나 전자출판의 의미가 그렇게 단순한 것은 아니다. 전자출판은 크게 두 분야로 나뉜다. 하나는 우리가 일반적으로 책이라고 일컫는, 종이를 매체로 한 읽을거리를 제작하는 과정에서 컴퓨터를 활용하는 것이고, 다른 하나는 종이가 아닌 매체로 된 읽을 것을 제작하는 과정에서 컴퓨터를 활용하는 것이다.

즉 전자출판이라고 하면 종이를 소재로 한 '책을 만드는 공정의 전산화'와 저술내용을 전자적인 방법(디지틀)으로 수록하는 '저술내용의 전자매체화'로 나눌 수 있다.

D출판사에서 DTP(Desk Top Publishing)요원으로 일하고 있는 백선영(31세) 씨는 최근들어 DTP요원이 갑자기 각광받는 이유에 대해 이렇게 말한다.

"전산조판은 문자조판을 하는데 그쳤기 때문에 편집 및

제작에 효율적으로 사용할 수가 없었죠. 이에 비해 최근에 등장한 컴퓨터 출판, 즉 DTP는 그림, 로고, 사진 등의 색채와 크기를 자유롭게 변형하여 가공하기가 쉽습니다. 다양한 기능과 창의적 아이디어를 지원하는 레이아웃 도구 등이 소프트웨어에 집적되어 있어 이전의 전산사식과는 차원이 다릅니다. 말하자면 전자출판은 이전의 전산사식과 편집·제판을 한 대의 컴퓨터에서 모두 해결하는 출판의 혁명을 이룩한 것입니다. 시간도 단축하고 원가도 절감하는 작업의 전문가 수요가 늘어나는 건 당연한 추세지요."

이런 과정을 거쳐 만들어진 책은 활자꼴이나 색상, 판면의 구성에 있어서 기존방식과 비교할 때 월등히 뛰어날 뿐만 아니라, 책을 만드는 과정도 매우 단축되어 약 30퍼센트에 달하는 원가절감도 실현할 수 있다고 한다. 우리나라에는 현재 동아출판사를 필두로 하여 대형출판사들이 속속 컴퓨터 출판제작 시스템을 도입, 확산되고 있는 추세이다.

전자출판이라고 할 때 우리는 흔히 DTP만을 거론하는데, 전자출판은 크게 네 가지의 개념을 총칭해서 다루고 있다. 장황한 듯하지만 이번 기회에 이 네 가지 개념을 짚고 넘어가고자 한다.

전자출판은 개인용 컴퓨터를 이용한 출판(DTP), 편집 및

조판과정의 전산화(CTS), 컴퓨터가 사용되는 새로운 형태의 출판물(디스크 책), 그리고 통신망을 이용한 출판이 크게 전차출판에 포함된다고 보고 있다.

전자출판이라고 할 때 가장 보편적으로 거론되고 있는 DTP는 컴퓨터를 이용한 출판행위 중에서 개인이나 소규모의 출판분야에서 PC를 이용해 원고작성부터 편집작업, 인쇄작업까지를 일괄적으로 처리하는 형태를 말한다.

일반적으로 전산조판시스템으로 불리는 CTS(Computerized Typesetting System)는 출판물을 제작할 때 편집 및 조판과정을 표준화시키고 전산화하여 출판사와 인쇄회사 또는 편집부와 조판부, 또는 조판부와 인쇄부를 컴퓨터 통신으로 연결해 온라인화 하는 것을 말한다. 이러한 작업은 대규모 전산조판시스템 또는 신문사와 같이 신속을 요하는 곳에서 조판시간을 줄이기 위해 많이 사용되고 있는데 전자출판 중에서도 컴퓨터에 의한 조판작업이란 뜻으로 CTS라는 말이 사용되고 있다.

새로운 형태의 출판물인 디스크 책은 출판물을 제작하는데 컴퓨터나 새로운 기술을 사용하여 개발된 매체를 이용하는 것을 말한다. 책을 편집하고 조판하는 단계까지는 기존의 업무와 같으나 완성시키는 출판물의 형태가 종이가 아니라 디스켓이나 CD롬에 그 내용을 담는 것이 특징이라고 말할 수 있겠다. 그러나 아직은 디스켓이나 CD의 가격이 비싸기 때문에 널리 사용되지 못하고 있다.

DTP나 CTS와 더불어 통신망을 이용한 출판도 전자출판의 범위에 들어가게 되면서 중요성이 커지고 있다. 통신망을 이용한 출판은 스크린 북(화면 책)이란 용어로 사용되기도 하는데 문자, 형상, 음성 등으로 정보를 제공하는 형태를 말한다. 통신망(VAN)을 이용하여 독자에게 정보를 서비스하는 방식으로 전자매체를 사용한 통신형태에는 전자우편, 유선 TV방송(케이블 TV), 비디오텍스 팩시밀리 그리고 LAN 등이 포함된다.

예전에는 책 한 권이 나오기까지 수없이 많은 공정을 거쳐야 했다. 식자공이 손으로 하나하나 글자를 뽑아 핀을 만드는 문선작업을 거쳐 이를 교정, 교열하여 편집 오케이(OK)를 놓은 후, 지형을 떠서 활판인쇄를 했었다.

더구나 활자의 크기를 변형하거나 그림을 삽입하려면 문제가 보통 복잡한 게 아니었다. 그러다가 전산사식이 도입되면서 사식→편집→제판→인쇄의 방식을 취하게 되고 출판공정은 크게 바뀌기 시작하였다. 우선 활자의 자유로운 변형이 가능해졌고, 편집의 영역이 크게 늘어나게 되었다.

그림이나 컷 등을 사용하는 것도 전보다 훨씬 자유롭게 되었다. 많은 출판사들이 현재 사용하는 방식이 바로 이 방법이다.

하지만 DTP시스템을 이용하면 제반과정을 통합하여 자체적으로 처리할 수 있으므로 소요되는 인력 및 시간과 경비를 대폭 절감할 수 있다. 청림출판사 편집장으로 일하고 있는 한성희 씨의 말을 들어보자.

"그러나 아직까지도 DTP의 갈길은 요원하기만 합니다. 학원에서 단기코스를 마치고 현장에 투입된 사람의 경우 기능중심의 교육이 우선시되어 출판·편집에 대한 마인드가 없다는 게 문제죠. 현재 이 기능을 배우려는 사람 중에는 기존의 출판편집인이 간혹 있는데 이는 바람직한 현상이라고 봅니다. 기존의 편집인으로서 이 기능을 익힐 경우 기획의 포인트를 인지하고 편집디자이너의 영역까지 소화해 낼 수 있기 때문에 총체적인 의미의 전자출판이 실현된다고 하겠죠. 요컨대 취업이 빠르다는 학원의 말만 믿고 단기코스를 마친 기능인과, 명실공히 편집인이라는 이름에 걸맞는 전문가의 차이는 순전히 본인의 직업정신에 달린 것 같습니다."

이처럼 DTP요원은 단순 오퍼레이터로 일하느냐, 아니면 편집인으로서 출판 메카니즘을 익히고 창의력을 발휘하느냐에 따라 받는 대접이 전혀 다르다.

또한 우리나라 전자출판시스템에서 해결해야 될 숙제는 한국적인 DTP용 소프트웨어 개발이 미흡하다는 점이다. 국내 소프트웨어 중 미국은 물론 일본에 비해서도 기술력이 크게 뒤진 분야가 전자출판이다. 최근 중앙언론이나 대형출판사가 도입하는 DTP시스템이 대부분 외국산이란 점도 이를 입증하고 있다.

이미 수년 전부터 '오토페이지', '문방사우' 등의 국산 DTP 소프트웨어가 개발되어 이용되고 있고, 한글과 컴퓨터사의 워드프로세서인 '한글 2.0'등이 일정 정도 탁상출판 기능을 하고 있지만 그것만으로는 작은 규모의 모임에서 발간하는 회보나 자료집, 소규모 회사의 사보 정도 만을 만들 수 있을 뿐이다.

또한 이용의 편리함이나 기능의 다양함은 상당한 수준에 올라 있으나 결정적인 문제는 서체에 있다. 다시 한성희 씨의 말을 들어보자.

"기존의 출판과정에서 이용되는 다양하고 미려한 글꼴을 아직 제대로 충족시키지 못하고 있습니다. 그림이나 도표, 사진 등의 그래픽 처리를 하는 편집과정은 컴퓨터 상에서는 자유롭지만 제판을 하고 필름을 이용하여 인쇄를 하는 현재의 출판공정에 부합되지 않아 추가적인 작업이 필요합니다."

보편적으로 쓰이는 서체, 즉 신신명조, 세명조, 신명조, 중명조, 쾌명조, 견명조, 태고딕, 견고딕, 궁서체 등 한글서체와 한자, 영문서체를 지원하는 소프트웨어의 개발이 시급한 실정이다.

무언가 장래성있는 일거리를 찾는 많은 여성들이 DTP요원이 되고자 교육기관이나 사설학원을 찾고 있다.

책에 대해 관심이 있고 출판분야의 메카니즘을 이해하는 사람, 거기다 창의력이 있는 여성이라면 전문직으로서의 DTP요원을 지원해볼만 하다. 과학기술의 발전으로 출판기술의 발전 역시 빠르게 진행되고 있는데, 출판업계에서 DTP 이용의 효율화가 경제성과 연결된다면 전자출판시대는 먼 장래의 이야기가 아니다. 그때를 대비해서 인접분야에 관심 갖는다는 자세로 준비해보면 어떨까.

⑫
전산사식요원

창업을 꿈꾸는 자의 요람

그는 수동
사식을 6개월쯤
하다가 회사에서 수동을
전자시스템으로 바꾸는 바람에
전산사식을 배우게 되었다. 바야흐로
전자출판이 출판계의 총아로 등장한다고는
하지만 아직도 출판사의 영세성 때문에 전산사식이
긴요하리라는 생각으로 창업을 계획했다. 독립한
지 3년이 넘었지만 아직까지 별 어려움을
느끼지 못하는 것은 직장다닐 때
거래처 사람들과 좋은 인간
관계를 지속했기
때문이다.

을지로 3가에 개인사무실을 가지고 있는 박미경 씨는 전
산사식 오퍼레이터이다. 27세의 미혼인 그녀는 직장을 그만
두고 인현동에 사무실을 차린 지가 2년 반이 된다.

박미경 씨는 전주 영생여상을 졸업했다. 2남5녀중 넷째인
그녀는 졸업하고 곧바로 서울로 올라왔다. 친언니가 서울에
서 도안사로 일하고 있기 때문이다. 서울행 기차를 탔을 때
는 막막한 심정이었지만 막연하게나마 언니가 있으니까 어
떻게 되겠지 하는 느긋함도 있었다.

도안을 하는 언니가 회사에서 사식작업하는 것을 봐와서
인지 그녀에게 한 번 해보라고 권한 것이 전산사식을 한 동
기가 되었다. 그때만 해도 사람이 딸려서인지 학원등록하고
한 달쯤 배우니까 취업추천이 들어왔다. 그때는 전부가 수
동사식이었다.

"한 달 배우고 들어간 직장이 을지로 3가에 있는 진양기
획이라는 곳이었어요. 5년 정도를 열심히 일에 매달렸지요.
물론 실수도 무척 많았습니다. 기계의 속성을 몰라서 프로
그램을 다 지워먹은 적도 있었어요. 고생많았던 시절이었지
요."

직장생활에 이력이 붙고 자판을 두드리는 손놀림이 빨라
질수록 그녀의 내부에서는 새로운 욕망들이 꿈틀대기 시작

했다. 계속 이런 상황으로 나가다가는 노련한 기능인은 될 지언정 새로운 무엇을 익히기가 힘들겠다는 생각이었다. 그녀는 공부를 하겠다는 생각으로 언니와 의논한 뒤 사표를 냈다.

"직장생활 5년쯤 되었을 때지요. 전산공부가 하고 싶었어요. 프로그래머가 되고 싶었죠. 그런데 막상 시작하려고 하니까 6~7년 쉬어서 그런지 힘들고 엄두가 안 났어요. 진양기획 나올 때는 분명한 것 한 가지를 배우려고 했는데 뜻대로 안 됐어요."

박미경 씨는 수동사식을 6개월쯤 하다가 회사에서 수동을 전자시스템으로 바꾸는 바람에 전산사식을 배우게 되었다. 바야흐로 전자출판이 출판계의 총아로 등장하고 있지만 대형출판사가 아닌 경우 출판사의 영세성 때문에 그림의 떡이었다.

그녀는 아직도 한참동안은 전산사식이 긴요하리라는 생각으로 자영할 계획을 세웠다. 91년 봄, 전에 다니던 회사의 사장님이 오히려 격려해주며 도울 일이 없는지를 물어왔다.

"사무실은 예전회사에 있을 때 거래하던 분이 자기 사무실 일부를 내주셨어요. 자영업을 할 경우 장소에 대한 시설투자비용이 만만치 않은데 사무실에 대한 짐은 해결된 셈

이지요."

박미경 씨는 친구와 둘이 공동투자하기로 하고 개업했다. 원래 가지고 있던 PC 한 대에다가 한국컴퓨그래픽 '피닉스 2000' 중고품을 300만원에 들여 놓았다. 독립한 지 3년지 넘었지만 아직까지 어려운 점을 느끼지 못하는 것은 직장다닐 때 거래처 사람들과 좋은 관계를 지속했기 때문이라고 말한다.

"같이   래했던 분들이 많은 일거리를 갖다 주셨어요. 전산사식의 경우 독립을 권할만하지만 실무경력이 적어도 2~3년은 있어야 해요. 인간관계가 형성이 돼야 영업도 가능하거든요. 2년만에 기계를 한 대 더 들여놨어요. 처음 시작했을 땐 기계값이 대당 600만원이었는데 지금은 많이 내렸어요. 300만원에 새 기계를 구입했지요.

언제 일이 들어올지 모르니까 저녁 때 사적인 약속도 못할 정도로 긴장되었지만 이제는 자영업으로서 자리잡은 상태가 되었다. 독립하고 나서 오히려 자기시간이 더 없어진 것에 비하면 지금은 사뭇 여유가 생긴 편이다.

요즘 주로 하고 있는 일은 의사논문, 석·박사논문, 역사책, 소설, 사보 원고 등이다. 그녀가 해내는 속도는 하루에 200자 원고지 300매의 한글원고를 입력한다. 한문의 경우는 시간이 훨씬 많이 걸린다. 한글세대이기 때문에 한문을 해독하는 일이 여간 어려운 게 아니다. 그녀는 이 일에 대해 비교적 만족스런 생각을 하고 있다.

"이제는 자기시간을 가질만큼 여유가 생겼어요. 직장다니는 것보다 보수가 훨씬 많고 정신적으로 편안하다는 점이 좋습니다. 누구나 경력이 쌓이면 독립해서 개인사업을 하기가 쉽다는 점도 이 직업의 장점입니다. 거래처는 주로 출판사나 기획사무실이죠."

일이 많고 힘들 때는 컴퓨터 오락실에 가서 하고 싶은만큼 게임을 하고 오기도 한다. 화면만 보고 자판을 두들기다가 화면에 질리면 다시 오락실에 가서 화면을 들여다 보는게 아이러니가 아닐 수 없지만, 어쨌든 그녀는 일이든 놀이든 컴퓨터를 떠날 수 없는 운명인가 보다.

많은 사람들이 정보사회를 맞아 출판 분야도 새로운 변화에 대비해야 한다고 말한다. 이같은 변화에서 가장 아픔을 당해야 하는 것이 수동사식 전문가들이다. DTP 시스템하에서는 수동사식의 도움을 필요로 하지 않기 때문이라는 것이다. 입력기를 통해 입력된 원고는 편집기에서 편집을 처리하고 이어 출력기로 인쇄하면 일단의 작업이 마무리된다. 여기에 수동사식이 끼어들 여지가 없다는 것이다.

그러나 현업에서는 꼭 그렇지만도 않다는 주장이다. 사양 산업이라고 해도 그 분야가 있어야 할 자리는 명백히 있어야 하고, 서로가 공존하면서 발전해야할 부분이 엄밀히 존재한다고 강조한다. 종이없는 출판시대가 온다고는 하지만 우리나라 출판문화가 종이와 함께 생성되었듯 앞으로도 한참동안은 전산사식 요원들이 일손이 필요한 것만은 부인할 수 없는 사실이다. 박미경 씨 역시 지금 현재 해야할 일만해도 하루가 모라란다고 말한다.

"현재 자신에게 주어진 일을 열심히 하면서 미래의 변화를 받아들일 준비를 한다면 앞으로의 일에 대해 초조해 할 필요가 없다고 생각해요. 막연한 미래를 위해서 오늘을 유보한다면 그건 성실하지 못한 태도라고 생각합니다. 저는 제가 지금 하는 일이 시대변화에 따라 유망직업이 될지, 또는 사양직업이 될지 모르지만 일을 하다보면 예감같은 것이 있어요. 지금은 주어진 일을 열심히 하는 것이 저로서는 최선인 것 같아요."

박미경 씨는 바쁜 와중에도 일주일에 세 번씩 학원에서 강의를 한다. 오후 7시부터 2시간 40분 동안 전산사식 학원에서 학생들을 가르치는 것이다. 한 학급당 16명으로, 1주 3일씩 4개월 과정의 전산사식요원 양성과정이다.

이 과정을 수료하면 취업은 100%라고 한다. 사실상 취업률 100%라는 것이 과장이 아닐까 하는 의문에 대해 그녀는 기계는 많은데 사람이 없기 때문에 출판사나 기획실에서는 인력난이 심각하다고 취업처는 주로 기획실, 출판사, 인쇄소, 기업체 홍보실 등이다.

주변사람들은 그녀에게 전산사식요원 양성학원을 경영해 보라고 하지만 박미경 씨는 지금 하는 사무실에 기계를 몇 대 더 늘리고 싶어 한다. 가르치는 일도 보람있지만 지금하는 일을 보다 체계적으로 사업체답게 꾸려나가는 일이 더 즐거울 거라고 말한다.

박미경 씨가 자영업을 권하는 이유는 여러가지가 있지만 무엇보다 이 일이 여성들이 시작하기에 좋은 조건들을 갖고 있기 때문이다.

"독립할 때 비용이 많이 들지 않는다는 점이죠. 또한 전문직으로서 남의 간섭을 안 받고 일할 수 있어요. 나이에 구애받지 않고 오래도록 할 수 있구요…… 하지만 한문에 대한 조예가 있어야 해요. 전문적인 원고도 많이 취급하기 때문에 다방면의 상식을 필요로 합니다. 무리하게 욕심부리지 않고 소박한 꿈을 가진 여성이라면 한 번 시도해 보라고 권할 만한 일입니다."

메이크업이 취미인 박미경 씨는 이 일이 허황된 야망을
가진 사람에게는 전혀 어울리지 않는 직업이라며 일을 시
작하기 전에 자신의 성격과 취향을 정확히 파악한 뒤 접근
할 것을 당부한다.

워드프로세서 기능사

인간의 창조적 활동을 돕는
사무자동화의 첨병

기존의
여러 자격증이
실무에서는 거의 불필요한
것으로 전락해가는 현실에 반해
"워드프로세서는 취업을 하기 위해 준비하기도
하지만 정보화 사회에 뒤쳐지는 사람이
되지 않기 위해서라도 꼭
필요한 기능이
되었다.

과거 직장내 사무요원의 조건이라면 으레 주산·부기·타자 기능이 우선시되었다. 그러나 이러한 기능의 자격증은 정보화시대의 사무자동화와 업무의 전산화에 따라 무용지물이 되고 그 자격증을 소지한 사람이라도 컴퓨터를 다루기 위한 교육을 새로이 받고 있는 것이 현실이다.

사무자동화(OA)는 궁극적으로 인간성 회복에 그 목적이 있다. 인간이 기계로 대체할 수 있는 일의 영역에서 해방되어 보다 창조적인 일을 하는데 그 시간을 쓰자는 것이다. 따라서 사무자동화기기는 인간을 위한 일의 보조기기일뿐 인간이 기기에 구속될 수는 없다. 그러므로 인간의 창조적인 활동을 위해 기기를 지배할 전문지식과 능력이 요구된다. 사무자동화기기 중 가장 일반적 기기의 하나인 워드프로세서는 문서작성에 관한 이해와 능력을 필요로 하는 것으로 사무업무 중 문서관리를 효율적으로 수행해준다.

워드프로세서 기능사 2급자격증을 가지고 있는 김경복씨(32)는 니트웨어를 생산, 수출하는 중소규모의 무역회사에 근무하고 있다. 그녀가 이 회사에 입사한 지는 6년 전이지만 중간에 다른 회사로 자리를 옮겼다가 2년 전 재입사한 특이한 케이스이다. 직원 25명의 이 회사에서 김경복 씨는 터줏대감 노릇을 하고 있다. 회사직원 중 비교적 장기근속

자에 속하는 이유도 있겠지만 자신의 성향 자체가 기왕에 일을 시작하면 확실하고 완벽하게 해야 직성이 풀리는 성격 탓이다.

"인문계 고등학교를 졸업하고 첫직장에 들어갔을 때 본능적으로 직감한 게 있어요. 고졸자는 영원히 고졸자에 어울리는 일만 하게 된다는 것을. 하지만 스스로를 비참하게 여긴다는 게 자존심이 허락치 않았어요. 서교동에 있는 직장을 다니면서 퇴근만 하면 부지런히 종로 1가에 있는 전산학원으로 달려갔죠. 몇달 만에 한글타자 3급, 영문타자 3급 자격증을 얻었죠. 외국으로 보내는 영문서신과 한글타자가 저에게 맡겨졌어요. 책상 닦고 커피 타는 일이 주였던 내게 점점 무거운(?) 일들이 주어졌지요."

김경복 씨는 이때 아무리 일이 많아도 힘든 줄을 몰랐다고 한다. 자신의 위치는 스스로의 노력으로 만들어 나가는 것이라고 믿게된 것이다. 그녀는 세진무역으로 일터를 옮기자마자 비즈니스 실무영어 코스를 등록했다. 일을 하면서 영어로 된 무역용어를 일일히 물어본다는 게 귀찮았고 무엇보다 창피했기 때문이다.

"토요일만 빼고 매일 영어학원에 다녔죠. 간단한 편지 정도는 사장님의 번역없이도 제가 해독할 수 있을 정도가 되

었어요."

이때 친구가 결혼을 하면서 다음 사람을 구하기가 어렵
자 친구회사 사장님이 자기네 회사에 와달라고 요청했다.
조건도 좋았고 전혀 다른 분위기에서 일하고 싶은 욕심도
생겼다. 그녀는 선뜻 수락했다. 친구가 있던 회사에 옮긴 지
6개월 정도 되었을 때 그녀에게도 결혼날짜가 잡혔다. 사장
님은 오히려 잘된 일이라며 안정된 분위기에서 일해줄 것
을 기대했는데 문제는 다른 남자직원의 반대에 부딪친 것
이다.

"이때 처음으로 회사의 대표보다 중간관리자의 횡포가
더 무섭다는 것을 깨달았어요. 미스 김(김경복 씨)의 업무상
외부손님 접대가 많은데 결혼한 부인의 이미지로는 곤란하
다는 거예요. 기가 막힐 노릇이었어요. 만약에 제가 대학을
나온 전문직 여성이었다 해도 이렇게 대접했을까 싶더군요.
남편될 사람에게 얘기하자 당장 그만두라는 겁니다."

김경복 씨는 전에 다니던 세진무역에 전화를 걸어 사장
님께 하소연했다. 사장님께서는 웬만하면 우리 회사로 다시
오는 게 어떻겠느냐고 제안했다.

"여러 날을 갈등했어요. 사회경험이 없어 그동안 너무 경
솔하게 행동했다는 자책도 되구요. 사장님한테 다시 들어가

면 전처럼 대해주실 거냐고 했지요. 그렇게 해서 결혼을 하고 전에 다니던 세진무역에 재입사하게 되었습니다."

김경복 씨는 예전보다 더 열심히 일했다. 다시 와보니 신입사원도 늘어나고 후배직원도 생겼지만 좋은 일, 궂은 일 가리지 않고 내 집 가꾸듯이 일했다.

그녀가 재입사하자 회사분위기는 예전과 많이 달라져 있었다. 사무자동화 시스템으로 전부 바뀌어 퍼스널컴퓨터가 책상마다 한 대씩 놓여 있었고, 타자나 부기 대신 데이터베이스와 로터스를 사용하는 것이었다. 그녀는 곧바로 중앙전산학원 OA과정에 등록했다. 기간은 3개월 코스였다.

"낮에는 회사 일로, 저녁엔 한 사람의 주부로 눈코뜰새 없이 바빴지만 저녁 6시 30분부터 8시 30분까지는 누가 뭐래도 학원의 컴퓨터 앞에 앉아 시간을 보냈어요. 뭐든지 새로 배운다는 것에 호기심을 느껴온 터라 쉽게 컴퓨터와 친해질 수 있었죠."

이제는 일을 하는데 있어서 PC를 자유자재로 다루지만 그녀는 워드프로세서 기능사 시험이 새로 생겼다는 말을 듣고 자격증을 따놓아야 겠다고 마음 먹었다.

"물론 회사에서 자격증을 요구하는 것은 아니예요. 하지만 자격증 취득준비를 하면서 컴퓨터와 OA부분에 대해 체계적인 공부를 할 수 있겠다는 생각을 한 겁니다."

대한상공회의소에서 주최하는 워드프로세서 검정시험은 워드프로세서에 대한 운용능력 평가이다. 1991년 10월 30일 국가기술자격 시행령 개정안이 통과되면서 비서자격시험과 함께 새로이 추가된 이 검정시험은 1차 필기와 2차 실기로 나누어 실시한다. 필기에서는 워드프로세서에 대한 용어와 컴퓨터 개론, MS-DOS 사용법을 실시하고 실기에서는 문서 작성과 편집능력을 실시한다. 우리나라에서도 93년도에 첫 번째로 시험을 치르게 되었는데 워드프로세서는 누구나 현대정보화 시대에 적응하기 위해 필수적인 자격종목이 된 것이다.

취업을 하기 위해 준비하기도 하지만 기존의 여러 자격증이 실무에서는 거의 불필요한 것으로 전락해 가는 현실에 비추어 정보화사회에 뒤쳐지는 사람이 되지 않기 위해서라도 워드프로세서 기능사 자격을 갖춰놓을 필요가 있다.

현재 상업고등학교에서는 워드프로세서와 컴퓨터 기초과정에 대한 기본교육이 정규교육과정에 포함되어 있다고 하지만 그다지 만족할만한 수준이 아니다. 학교교육에 기댈 수 없는 산업계 학생 뿐만 아니라 인문계 취업자들도 비교적 짧은 시간 안에 워드프로세서 기능사 공부를 한 후 응시

한다면 좋은 결과를 얻을 수 있을 것이다.

다음은 필기와 실기시험에 대한 내역을 알아본다.

필기시험—대한상공회의소는 필기 및 실기시험의 난이도를 기준으로 1급, 2급, 3급으로 나누어 실시하며 필기시험의 경우 '도스사용법'과 '워드프로세서 용어 및 기능'이 공통과목이고 1급과 2급에서 'EDPS상식'이 추가된다. 문제는 객관식으로 각 과목당 20문제씩 10분이 배당되며 한 시간 내에 휴식시간 없이 치러진다.

가장 난이도가 약한 3급의 경우 '워드프로세서 용어 및 기능' 문항에 치중하여 입력장치라든가 한글입력방법, 편집기능, 출력기능 및 기본적인 워드프로세서의 용어와 공문서 일반에 관한 문항 등이 중점을 이룬다.

반면 2급은 '워드프로세서의 용어 및 기능'에서는 교정부호 및 문서처리에 관한 내용을, 'DOS의 사용법'에서는 배치파일에 대해, 'EDPS상식'에서는 전산계산기와 데이터의 구성과 표현에 관해 출제되어 3급에 비해 난이도가 높은 편이다.

1급의 경우는 제1회 검정시험에서는 제외되었는데 'EDPS 상식' 과목에서 정보화사회 및 데이터통신, 전자계산기의 응용에 관해 출제하며 상급기술을 측정하는 기준으로 삼을 예정이라고 한다. 필기시험은 각 과목당 100점을 기준으로 하여 과목평균 60점 이상이어야 합격할 수 있지만 한 과목이라도 40점을 넘지 못할 경우 불합격이 되는 과락제도를 두고 있다.

실기시험―2차 실기시험은 1차 필기시험 합격자에 한해 자격이 주어지며 시험의 주안점은 문서편집 기능을 측정해 보는데 있다. 출제형태는 3급은 필기로 된 기안문서를 워드프로세서의 편집기능을 이용하여 제한시간 내에 정리하여 인쇄하는 수준이며 2급은 수치계산 과정이 포함된다.

세계를 한눈에 보는
정보사회의 실천자

정보
전쟁시대에
살면서 무형의 가치인
'정보'를 경제적 가격으로 환산하는데
인색한 우리 기업에서도 이제는 본격적인 정보
전문인력의 기용을 검토하지 않으면 안 될 시점에 와 있다.
정보검색원은 특히 여성들의 새로운 유망직으로
떠오르고 있는데, 컴퓨터를 활용하여 국내외
데이터베이스를 검색, 정보를 요구한
사람에게 필요한 정보를
찾아주는 전문
직종이다.

　현대를 일컬어 '정보전쟁시대' 또는 '정보의 홍수시대'라고
한다. 아울러 최후의 승자는 역시 정보의 활용에 앞선 사람
이라고도 한다.

　첨단과학의 눈부신 발전, 국제정세의 변화, 의식구조가 달
라진 신인류의 출현이 우리를 놀라게 하고 있는 이 때, 빠
른 변화에 대한 새로운 적응능력이 요구되고 있으며 이러
한 적응능력 여부에 따라 개인이나 조직의 생존과 발전이
결정되기도 한다.

　최근들어 정보를 첨단기계가 맡아줄 것으로 생각하는 사
람이 적지 않다. 컴퓨터, 통신망, 사무자동화, 인공지능 등이
크게 발전하고 있으니 이러한 기대를 갖는 것도 무리는 아
니리라. 그러나 정보력은 본질적으로 정형화된 물건이 아니
라 '개념'이라고 주장하는 사람이 있다. 정보 필요성의 인식,
인지능력, 분석 및 평가, 판단기획 등 인간의 감각과 사고력
이 이어지지 않으면 진정한 정보력은 형성되지 않는다는
것이다. 정보에 대한 인간의 기본인식을 하드웨어, 소프트웨
어에 이어 휴먼웨어라고 정의하는 것도 이러한 연유에서이
다. 그러나 휴먼웨어는 그 자체만으로는 성과를 내는데 한
계가 있으며 첨단기기와 만날 때 더 큰 성과를 낼 수 있다
는 점은 분명하다.

이러한 추세 속에서 컴퓨터를 활용하여 국내외 데이터베이스를 검색, 정보를 요구한 사람에게 필요한 정보를 찾아주는 전문직종이있다. 바로 정보검색원(Information Researcher)이다.

컴퓨터 앞에 앉아 세계를 한눈에 볼 수 있는 정보시대의 실천자 정보검색원은 세계 3만여 개의 데이터베이스를 드나들며 기술·산업·전략·학술·문화 등에 관한 각종 정보를 입수할 수 있는 직업이다.

이같은 정보검색은 미국, 일본 등 선진국에서도 7~8년 전부터 전문직업으로 정착되었는데 우리나라의 경우 기업들의 정보욕구에 발맞춰 빠른 속도로 발전하고 있다. 국내에서도 대학에 문헌정보학과라는 전문학과가 생기기도 했지만 아직 이론교육에 그칠 뿐 인력부족으로 실질적인 교육은 거의 이뤄지지 않고 있는 상황이다.

정보 전쟁시대에 살면서 무형의 가치인 '정보'를 경제적 가격으로 환산하는 데 인색한 우리 기업에서도 이제는 본격적인 정보 전문인력의 기용을 검토하지 않으면 안될 시점에 와 있다. 정보검색원은 특히 여성들의 새로운 유망직으로 떠오르고 있다.

국내 최초의 여성 정보검색원으로 매스콤 세례를 받은

윤영희(30) 씨는 포항제철 계열사인 포스데이타에서 이 분야의 교육환경 조성에 박차를 가하고 있다.

86년 대학 영문과를 졸업하고 어학, 컴퓨터 등 정보검색에 필요한 준비를 해오다가 91년 3월부터 이 일을 시작한 그가 관련을 맺고 있는 2천여 개 데이터뱅크에서 뽑아보는 정보는 경제, 시사뉴스, 학술관련 자료, 산업기술 자료, 각종 경제통계 등 다양하다.

계약을 맺고 있는 기업체들이 수시로 요구해 오는 세계 정보를 컴퓨터를 이용, 찾아내 즉시 보내주기도 하고 경제·시사동향 등의 정보를 중심으로 뉴스레터를 꾸며 정기적으로 공급하기도 한다.

고철을 사서 재가공하는 업체에는 세계 현물시장의 가격동향을 재빨리 제공하고, 가전업체가 새로운 제품을 기획할 때는 이미 이를 개발한 세계 다른 기업의 기술정보나 시장구성, 소비자 반응 등으로 보고서를 꾸며준다.

이런 정보는 곧 투자자원 절감과 생산성을 높이는데 중요한 역할을 한다. 각국의 신문기사에서부터 루머 등 비공개 정보까지 수많은 정보들이 정보검색원의 손을 거쳐 효용가치를 갖게 된다.

미국에서는 대학의 정보·도서관학과에서 정보검색사를

배출하고 있고, 일본은 전문대나 직업훈련원에서 이들을 양성·자격증 제도까지 갖추고 있는데, 우리나라에서는 '포스데이타'와 '에임즈'에서 정보검색원 교육을 실시하고 있다.

정보검색원이 하는 일은 얼핏 보기에 도서관 사서와 비슷하지만 책 대신 '정보'를 다룬다는 점이 다르며 경제전쟁이 세계적으로 치열해질 90년대 후반에는 각종 기업체의 필수요원이 될 수밖에 없어 전망이 무척 밝은 편이다.

특히 분야가 다양해 굳이 취업을 하지 않고 기술을 익혀 자기만의 특정 정보가 축적되면 개인 사무실을 열거나 가정에서도 해당 분야를 상대로 고객을 개척하여 활동할 수도 있다.

"외국에서는 가정주부들도 개인용 컴퓨터를 이용해 정보검색을 해주거나 기업체에 자료를 공급하는 일이 활기를 띠고 있습니다. 취업의 길이 사실상 막혀 있는 여학생의 경우 기술을 익힌 후 특정분야의 정보만 충분히 축적한다면 다른 전문직종 못지않아요."

정보활용의 중요성이 커지면서 우리나라도 기업체들의 요구가 점점 늘고 있는 정보검색원은 모든 정보가 영어이기 때문에 영어독해력이 뛰어나야 하고 컴퓨터의 작동법을 알고 각 분야의 전문용어를 아는 등 기본지식을 갖추고 순

발력이 있어야 한다.

정보검색원이 되기 위한 요건을 요약하면 다음과 같다.

첫째, 정보수요자의 요구를 정확하게 이해할 수 있는 대화기술이 있을 것

둘째, 데이터베이스에 대한 지식 및 감각이 있을 것

셋째, 자료검색 및 처리기술이 있을 것

넷째, 정보가공 능력이 있을 것

다섯째, 정보원(情報源) 관리능력이 있을 것

여섯째, 운영 및 유지 보수능력이 있을 것

기업의 사활이 달려 있는 사업추진의 전초작업인 정보검색업무는 결코 가볍게 다뤄질 분야가 아니다. 또 필요한 자료들을 찾는 일도 결코 쉬운 일이 아니다. 필요한 정보가 어느 나라에 있는지, 무슨 분야인지, 그리고 찾아낸 정보를 우리말로 풀어쓰는 일은 상식이 풍부하고 외국어에 능숙하지 않고는 감당하기가 어려운 일이다.

그래서 정보검색원에게는 여러가지의 기본적인 자질이 요구된다. 특정분야에 대한 정보검색 의뢰가 들어오면 그것에 대한 기초적인 정보를 검색원이 알고 있어야 하는 것은 당연하다. 그래야만 어느 나라 데이터베이스를 검색해야 하는지를 판단할 수 있기 때문이다. 그리고 분석과 편집능력

이 요구된다. 모니터 화면에 가득한 정보 중에서 무엇이 중요하고 필요한 것인가를 재빨리 판단하는 능력은 비싼 데이터베이스 사용료를 절약하게 하고, 의뢰자에게 양질의 서비스를 제공할 수 있게 한다. 그리고 채집된 정보를 다시 편집하여 보고서를 작성하는 것으로서 정보검색원의 업무는 일단락된다.

일본 노무라증권 연구소의 '2천년대 예측'에 따르면 90년대 후반부터 세계는 국경없는 무차별 경쟁에 노출되게 되며 그 경쟁에서 살아남을 수 있는 관건은 '정보'라고 한다.

정보검색 교육을 실시하고 있는 포스데이타의 한 담당자는 "국내 많은 기업체들이 이 분야의 교육에 관심을 갖고 있으나 강사확보 및 교재, 경험부족 등으로 섣불리 시도하지 못하고 있다"면서 포스데이타의 경우 정보검색, 여건조성을 위해 세계적인 온라인 데이터베이스인 '컴퓨서브' 및 일본의 'G-서치'를 국내에 독점 공급하고 있다고 한다.

포스데이타의 교육과정은 주1회 4시간, 총 4개월 과정으로 4개월 과정을 마치면 희망자에 한해 실시하는 1개월의 해외 데이터베이스 검색 실습과정을 더 두고 있다.

산업정보연구원 자료실에서 정보검색 업무를 맡고 있는 권기선 씨는 이 일이 있어서 남녀차별이 없고 결혼 이후에도 얼마든지 할 수 있기 때문에 장기적 안목을 가지고 준비한다면 평생직으로 알맞다고 한다.

뿐만 아니라 가정주부라도 '단순정보검색'에서부터 '무역거래중개' '기업정보 검색' '학술논문 입수' '무역컨설팅' '특허' '저작권 컨설팅' '해외유학 알선'을 등 다양한 분야 중에서 전공을 정해 정보를 축적하면 가정에서도 일을 할 수 있다고 한다.

정보검색원은 외국에선 전문직으로 정착되어 있으나 국내기업에서는 일반적으로 필요에 따라 기획실, 비서실, 자료실 직원 등이 검색업무를 병행하고 있다.

따라서 전문 정보검색원이라고 하면 국내의 전문 정보용역센터와 산업기술정보원 자료실 등에서 근무하는 사람들이다. 그런데 최근에는 선경, 대우, 삼성, 한일합섬, 대림엔지니어링 등 국내 대기업에서도 사내에 정보모니터제도를 도입하고 있다.

이곳에서는 모니터 요원들의 실적을 평가하여 상금수여, 해외여행 등을 실시해 좋은 효과를 거두고 있다. 이들이 발전하여 정보검색요원이 될 수 있는 것이다. 국내에서 이용가능한 데이터베이스는 한국통신의 하이텔, 금성정보통신의 INS, 코리아네트의 인포서브, 중앙일보사의 조인스, 한국

PC통신의 하이텔, 산업기술정보원의 KINIT-CR, 한국신용평가의 KIS-LINE, 매일경제신문사의 MEET, 데이타통신의 천리안2, 포스데이타의 포스서브 등이 있다.

⑮ 컴퓨터 저널리스트

컴퓨터 스페셜리스트이자
저널리스트

그는
컴퓨터에 관한한
100퍼센트 전문가는 없다고
잘라 말한다. 왜냐하면 새로운 정보가
계속 나오기 때문에 잠시라도 관심을 딴 데 두면
뒤떨어진다는 것이다. 그것이 이 분야의 매력이면서 동시에
한계라고 하지만 저널리스트가 굳이 프로그래머나
컨설턴트일 필요는 없다. 컴퓨터 전문가들이
갖고 있는 전문성을 빌려 '내 것'으로
하여 글을 쓰면 되기
때문이다.

우리나라에 컴퓨터 관련잡지가 50종이 넘는다고 한다. 바야흐로 컴퓨터 잡지의 춘추전국시대라고 해도 과언이 아니다. 그런가하면 몇번 나왔다가 사라지는 잡지도 있고 새로 창간되는 잡지도 부지기수다. 제대로 된 컴퓨터 전문지를 갈망하는 독자들의 요구에 비해 수준높은 컴퓨터전문지가 몇 안 되는 것은 컴퓨터 잡지계의 경제적 토양이 빈약한 탓으로 보는 시각이 지배적이다.

1993년 현재 퍼스널컴퓨터의 보급대수는 300만대를 돌파했다. 글자를 모르는 사람을 문맹이라 하듯 이제는 컴퓨터를 모르면 컴맹이라는 소리가 자연스럽게 나올 정도로 컴퓨터는 우리 생활의 일부가 되었다. 컴퓨터 인구가 많아질수록 그들이 요구하는 정보의 수준도 날로 높아져가고 있는데, 이처럼 양질의 정보제공과 컴퓨터의 활용에 관한 정확한 시각을 제시해주는 사람을 PC칼럼니스트, 또는 PC저널리스트라고 부른다.

아직은 우리 귀에 생소하지만 외국의 경우 자신의 독자적인 연구실을 갖고 활동하는 경우가 허다하다. 본인의 독립된 작업공간을 갖고 있으면서 제품에 대한 장단점을 비판하는 글을 쓴다든지 첨단기술을 소개하기도 한다.

컴퓨터 종합정보지인 월간 '경영과 컴퓨터' 편집장으로 일하고 있는 김영미(31세) 씨. 이곳에서 일한 지가 올해로 8년째이다. 전문지에서 8년을 일했으면 객관적으로도 전문가의 경지에 올라선 것 아니냐는 필자의 질문에 컴퓨터 분야야말로 끊임없이 공부해야 한다며 잠시라도 한눈을 팔면 자연도태될 수밖에 없다고 일러준다.

"대학 졸업하자마자 이 곳에 입사했어요. 전공은 국문학인데 이 회사의 인사채용방식이 타회사와는 좀 남다른 부분이 있더군요. 전산전공자를 채용해 글의 감각을 익혀 전문기자로 키울 것인가, 아니면 문장감각이 있는 국문과 출신을 뽑아 기술을 습득시켜 컴퓨터 전문기자로 키울 것인가를 놓고 고민했다고 합니다. 결국은 후자를 택해 제가 선택된 셈이지요. 저 역시 처음에는 스페셜리스트가 될 것인가, 저널리스트가 될 것인가를 놓고 혼돈이 있었습니다. 기술적인 한계 때문에 갈등이 많았지요.

김영미 씨는 막상 자신이 인사채용에 관여하는 입장이 되고 보니까 회사의 기자 채용방식이 비로소 이해가 가더라고 한다. 글에 대한 기본감각이 있는 사람에게 컴퓨터 기술을 가르치는 것이 전문지 기자로서의 저널리즘을 갖게 하는데 훨씬 유용한 결과를 낳았기 때문이다.

김영미 씨는 전문지라 하더라도 저널리스트가 되어야 한

다는 생각을 갖고 있다. 물론 초창기 기술적인 면에 어두웠을 때는 그 분야의 전문가를 만나 대등한 관계로 인터뷰하기가 무척 어려웠다. 하지만 나름대로 이 분야에 대한 지식습득을 꾸준히 하고부터는 저널리스트적 관점이 오히려 종합적 이해력을 갖는데 도움을 주었다고 한다.

지금은 잡지사 안에서 기획, 핸드링, 코디네이팅, 좌담회 주최 등과 대외적으로 편집장이 얼굴을 내밀어야 하는 자리에 참여하는 일을 주로 한다. 비중있는 취재, 인터뷰, 사람과 관련된 부분들도 그녀가 직접 나서는 부분이다.

"저희 매체는 기업 경영에 도움을 줄 수 있는 컴퓨터 종합전문지입니다. 경영에 컴퓨터를 접목시킨다는 의미가 강하죠. 컴퓨터 잡지는 활용지와 정보지로 나뉘는데 저희 매체는 종합정보지의 성격을 띄고 있습니다. 그러다보니 사람들에 대한 얘기가 많이 나올 수밖에 없습니다. 독자들의 반응 역시 사람의 이야기, 인물동정 등에 제일 관심이 많아요. 다른 매체와 다르게 인물을 많이 다루는 것도 일종의 차별화 전략이지요."

독자의 70~80%가 전산인과 경영인인 이 잡지는 인물 취재기사에 비중을 두는 만큼 필력과 노하우가 있는 기자를 필요로 한다. 그러나 실제로는 컴퓨터 잡지

분야에 잡지수가 많은 것만큼 노하우가 축적된 기자는 그리 많지 않다.

그런 점에서 김영미 씨는 양쪽의 조건을 고루 갖추고 있으며, 전문지 기자로서의 정통성을 지닌 것으로 인정받고 있다. 여기저기 옮겨다니지 않고 한 곳에서만 편집장까지 자리를 지키고 있는 점, 저널리스트이면서 동시에 전문성을 담보하고 있는 점 등이 바로 그것.

"이 분야는 기자들이 한곳에 오래있지 않고 돌아다니는 게 흠이지요. 일반교양잡지에 비해 확실히 라이프사이클이 짧은 것 같습니다. 이유야 여러가지가 있겠지만 여성지처럼 소프트한 기사가 아니고 기술적인 부분을 다루다 보니까 금방 한계를 느낄 수도 있을 겁니다. 그리고 컴퓨터는 변화가 무척 빠르기 때문에 그 싸이클에 적응하기가 어려워 자연도태되는 경향도 있구요."

컴퓨터잡지 분야를 통틀어 8년 이상된 사람은 10명 안팎이다. 그 중 여성은 더욱 찾기가 힘들다.

"저희 회사만 해도 입사할 때는 여기자가 많았는데 대를 못잇고 나가다 보니까 남자들로 대체될 수밖에 없었죠. 기자들 수명을 단축하는 이유 중 하나가 무분별하게 스카웃을 많이 한다는 점입니다. 자체 내에서 키울 생각을 하지 않고 이미 훈련된 사람을 빼오겠다는 발상부터 하니까 잡지사는 잡지사대로, 기자는 기자대로 노하우를 갖기가 어렵지요. 그렇기 때문에 컴퓨터 잡지는 많이 있지만 자생력을 가진 잡지는 얼마 안 된다고 봐요."

김영미 씨는 전문지에 있으면서 스스로 가장 고맙게 생각되는 것이 이 분야를 떠났을 때도 결실이 있다는 점을 으뜸으로 꼽는다. 경력이 충분하기 때문에 프리랜서로 활동하는 것도 가능하지만 그녀는 프리랜서에 대해 아직은 썩 내키지 않는다고 한다. 진정한 프리랜서, 진정한 칼럼니스트라면 기술적인 부분에 대해서도 공부와 투자를 계속 해야하는데 컴퓨터 계통에서 일하는 프리랜서의 취약점 중 하나가 안일하게 일한다는 생각을 지울 수 없다고 한다. 우선 그들에게 심층기사를 기대할 수 없다는 것이 약점이다. 기획취재, 심층취재, 르뽀, 칼럼같은 밀도있는 기사들을 소화해야 진정한 칼럼리스트 또는 프리랜서라고 말할 수 있기 때문이다.

"우리나라 과학칼럼니스트들은 자신의 노하우를 갉아먹고 있어요. 항상 새로운 정보를 받아들이고 공부하면서 기존의 지식을 가미해야 하는데 많은 사람들이 짜집기 형태의 글을 기고하고 있거든요. 컴퓨터 저널리스트는 컴퓨터 분야에 있는 사람들이 개척해야할 분야인데도 말입니다. 현재 기자 출신 중에서 PC칼럼리스트는 남자 몇명 빼놓고는 별로 없는 것같아요. 기자 출신의 많은 여성들이 본격적으로 시도했으면 하는 바램입니다. 남녀 차이가 있을 수 없고 아직은 이 분야의 맨파워가 약하기 때문에 전문성을 쌓으면 충분히 해볼만한 가치가 있는 일입니다. 더군다나 앞으로는 프리랜서의 시대니까요."

김영미 씨의 경우 이젠 어느 정도 연륜이 있어서인지 다른 매체에서 유혹도 간혹 있다고 한다. 그러나 회사의 경영 스타일과 자신의 일하는 스타일이 잘 맞아서인지 외부의 유혹을 달콤하게 느꼈다거나 노골적으로 가고 싶은 생각은 한 번도 없었다고.

그녀는 현재 있는 곳에서 인정받고 있고, 또 어느 정도 역사성(?)을 부여받았으며, 무엇보다 독자들에게 고맙다는 인사말을 듣고 있기에 그것들이 모두 일하는 보람이라고 생각한다.

"컴퓨터 전문지라고 해서 남성에게 더 유리할 거라고 생각하지만 실제로는 전혀 그렇지 않아요. 완력을 요구하는 것도 아닌데 남녀를 구별할 일이 있을 수가 있나요? 오히려 여기자가 필요한 부분이 있어요. 섭외를 한다거나 취재시

자료협조를 요구할 때 자연스럽고 유연하게 처리하는 데는 여성이 훨씬 유리하죠. 이건 미인계를 쓰는 것 하고는 차원이 다른 얘깁니다."

그녀의 회사는 입사 당시에도 남녀차별이 없고 임금과 승진에 있어서도 일체의 차별이 없다. 결국 장기적인 마스터플랜을 가지고 얼마나 진지하게 일하느냐에 따라 컴퓨터 저널리스트로 성장하느냐, 아니면 수습기자 수준으로 고정되고 마느냐가 달려있는 것이다.

김영미 씨는 컴퓨터에 관한한 100퍼센트 전문가는 없다고 잘라 말한다. 왜냐하면 새로운 정보가 계속 나오기 때문에 잠시라도 관심을 딴데 두면 뒤떨어진다는 것이다. 그것이 이 분야의 매력이면서 동시에 한계라고 하지만 저널리스트가 굳이 프로그래머나 컨설턴트일 필요는 없다. 컴퓨터 전문가들이 갖고 있는 전문성을 빌려 '내 것'으로 하여 글을 쓰면 되기 때문이다.

"요즘은 1년차와 7년차의 차이가 무엇일까를 곰곰히 생각하곤 합니다. 그것은 어떤 상황에 직면했을 때 문제해결능력과 위기관리능력에서 차이가 나죠. 또한 취재원을 만나면 그 사람에게서 어떤 정보를 캐내야 할 것인지 판단하는 안목, 그것이 1년차와 7년차의 차이가 아닐까요?"

 사람이든 책이든 정보든 거기엔 나름대로 뽑아낼 분명한 가치가 있다고 믿는 그는 16개월된 아기를 둔 주부이지만 자신의 일에 있어서만은 철저한 프로임을 곳곳에서 보여주는 만만치 않은 저널리스트이다.

정보통신 시대의 안테나

"통신모니터는
이용자에 대한 고마운 마음과
서비스 정신이 철저해야 합니다. 일반
사회문화단체의 모니터들처럼 감시기능만으로 해결
되지 않는 부분이 너무 많아요. 정보를
제대로 이용할 수 있도록 돕는
기능이 우선되어야
하거든요."

　PC통신이란 가정이나 직장에서 컴퓨터나 단말기를 전화
선에 연결하여 가입자끼리 서로 정보를 주고받는 것을 말
한다.

　PC통신은 기존의 전화를 이용한 통신이 사람의 목소리를
주고받는 것에 비해 훨씬 많은 내용의 데이터를 정확하게
주고받을 수 있고, 받은 데이터를 즉시 가공하여 사용할 수
있다는 점에서 통신의 새로운 시대를 열고 있다.

　PC통신 서비스는 크게 세 가지로 나눌 수 있다.

　우선 데이터베이스로서 여러가지 정보와 자료를 일정한
원칙과 주제로 분류정리하여 언제든지 필요한 내용을 바로
찾아볼 수 있도록 해준다. 다음으로 전자게시판은 서로의
이야기를 주고 받으며 여러 사람이 함께 대화를 나눌 수 있
고 필요한 사람이나 물건을 널리 알려서 찾을 수도 있다.
또한 홈쇼핑과 홈뱅킹은 가정이나 직장에서 물건을 구매하
고 대금까지 바로 결제할 수 있는 주문처리를 가능케 한다.

　일반적으로 컴퓨터 통신이라고 하면 하이텔이나 천리안
등 수십만의 사용자가 이용하는 대형 BBS를 떠올리게 된
다. 한국 PC통신이 제공하고 있는 하이텔(HiTEL)은 한국경
제신문사가 1988년부터 무료로 제공해 온 케텔(KETEL)과
한국통신이 제공해 온 하이텔을 통합하여 탄생시킨 PC통신

서비스이다.

정보문화의 꽃이라고 일컬어지는 컴퓨터 통신인 한국PC 통신에서 10만명이 넘는 이용자들에게 최적의 환경을 조성 하기 위해 애쓰고 있는 이경희 씨(31)의 직업은 컴퓨터 통 신 모니터이다.

한국 PC통신 BBS(Bulletin Board System)팀의 모니터 요원 인 이경희 씨는 자신의 일이 철저한 서비스 업종임을 강조 한다.

"모니터는 이용자에 대한 고마운 마음과 서비스 정신이 철저해야 합니다. 일반 사회문화 단체의 모니터들처럼 감시 기능만으로 해결되지 않는 부분이 너무 많아요. 정보를 제 대로 이용할 수 있도록 돕는 기능이 우선되어야 하거든요. 예컨대 이용자들의 소리를 게시하는 플라자란에 '지금 동호 회가 안 됩니다.'라는 불만의 소리라도 올라오면 식은 땀이 나지요."

PC통신 모니터의 다양한 역할을 설명하기 전에 하이텔이 제공하고 있는 수많은 정보와 자료들을 간단하게나마 알아 보면 좋을 듯하다. 왜냐하면 각 부분마다 모니터가 담당해 야할 역할과 비중이 다르기 때문이다.

서비스안내는 일반서비스와 특별서비스안내, 회원정보,

요금결제에 관한 안내, 도움을 받을 수 있는 운영자에 대한 안내가 있고, 하이텔 특집에는 컴퓨터로 두는 바둑, 명작의 향기가 배어나오는 하이텔 문학관, 어린이 정보통신 공간인 꿈동산, 60세 이상의 고령자를 위한 원로방 등의 서비스가 제공된다.

게시판은 하이텔 가족 모두와 공유하고 싶은 이야기나 알면 유익한 정보 등을 자유롭게 알리는 곳이다. 일반적인 시민게시판 성격의 알림마당과 동일한 취미에 대한 정보를 알리는 취미생활, 건강, 의학, 과학, 자연 및 컴퓨터에 관련된 자신의 의견을 알리는 정보광장 등이 있다.

또한 대화실과 동호회가 인기리에 운영되고 있는데 대화실은 얼굴은 모르지만 자연스럽게 인사를 나누고 전국에 있는 하이텔 이용자들과 컴퓨터를 통한 전자만남의 기회를 제공받을 수 있다. 동호회는 하이텔을 통한 온라인 모임이다. 음악, 미술, 문학, 취미 등 같은 취미, 같은 업무, 관심분야가 같은 사람들이 서로의 생각을 토론하고 서로의 마음을 나누는 공간으로 동호회끼리 서로 정보를 주고받을 수도 있다.

92년 8월 PC통신 모니터 요원 공채시험에 합격한 이경희씨는 통신 모니터링 경험을 한 지 만 2년이 된다. 이경희

씨는 대학에서 역사학을 전공하고 고등학교 역사선생님을
했다. 이런 그녀가 여자로서 가장 안정된 직업이라는 교직
을 그만두고 컴퓨터 통신 모니터직을 선택했다. 그녀는 모
든게 '우연'이라고 말한다.

"미국에서 공부하고 돌아온 친구 하나가 미국에서는 컴
퓨터학과 정보학을 접목한 학문이 매우 활발하게 연구되고
있다고 하더군요. 처음엔 그 말이 피부에 와닿지 않았는데
막상 모니터일을 본격적으로 하다보니까 많은 주변학문을
알아야 할 필요가 있다는 걸 느끼고 있습니다. 통신은 곧
정보를 이용하도록 도와주는 매체이기 때문에 컴퓨터 시스
템을 배워두면 이용자들의 전문적인 문의에도 대응할 수
있고 그만큼 일에 자신감을 가질 수 있을 것 같습니다."

현재 PC통신에는 네 명의 모니터 요원이 활동하고 있다.
24시간 글이 올라오기 때문에 재택근무시스템을 가동하고
있는데 4명의 모니터 요원 전부가 여성이다. PC통신 모니터
는 이용자들이 통신에 올리는 글의 내용을 판단하고, 그 글
들이 이 사회의 보편적 질서에 합당한 지를 가려내어 교통
정리를 해주는 일을 한다. 따라서 객관적 자로 잴 수 없는
도덕률에 의존하고 있고, 이용자의 대부분이 청소년 또는
학생층이 주류를 이루고 있어서 상담자적 자세가 요구되기

도 한다.

"당혹스러울 때는 심야에 퇴폐적 내용의 성인용 글들이 올라올 때입니다. 일본만화라든지 성인물 등 보편적으로 받아들이기 힘든 것들도 간혹 올라오는데 그런 것을 가려내고 건강한 쪽으로 유도하는 것도 모니터의 일입니다. 사회에서 정상적으로 받아들일 수 있는 것만 받아들이자는 게 저희의 원칙입니다."

통신에서 허용하지 않기로 한 것은 모니터들이 삭제한다. 일부 이용자들은 이런 취지를 이해하지 못하고 불만을 표시하는 사람도 있다. 이럴 때가 이용자와 모니터의 의도가 상충하는 경우인데 이경희 씨는 우리가 살고 있는 사회의 보편적 규범에서 벗어나지 않아야 한다는 원칙을 세워놓고 있다.

"모니터링 하면서 일정한 원칙은 필요하지만 그렇다고 해서 획일화된 자를 가져서도 곤란해요. 때로는 보통사람보다 보수적일 필요도 있고, 또 어느 때는 더 관대할 필요도 있어요. 완고함과 자율성이 동시에 필요하지요. 한 마디로 사고(思考)의 탄력이 요구된다고 할까요."

컴퓨터 통신 모니터는 판단력과 감각 등 종합적 안목이 필요하다. 따라서 모니터의 자격요건으로는 상황에 대한 인식을 고르게 하는 균형감각이다. 모니터의 취향대로 이용자를 유도해서도 안 되고, 모니터의 개인적 도덕수준과 정서에 이용자를 맞추려고 해서도 안 된다. 또한 사람을 많이 대하는 직업에서 필요로 하는 융통성과 대인관계기술이 필요하다.

"누구나 할 수 있지만 누구나 다 잘하기는 어렵습니다. 너무 조급해서도 안 되겠고 너무 느긋해서도 안 됩니다. 연령, 문화, 정서의 괴리를 최대한 좁힐 수 있어야 합니다. 보는 사람의 감각과 글을 올리는 사람의 감각의 차이로 인해 마찰이 생기는 경우도 있는데 결국은 글을 올리는 사람, 보는 사람, 이용만 하는 사람이 취사선택을 잘 해야 합니다. 궁극적으로 모니터는 이용자가 필요로 하는 부분을 충족시켜 주고 배려해 주는 사람입니다. 서비스업이라는 인식이 늘 몸에 배어있어야 겠지요."

이경희 씨는 모니터링이 보람을 느끼기가 힘들다고 한다. 올라오는 내용 중에서 부실하고 안 좋은 것만을 잡아내는 일이기 때문에 보람을 느끼려면 좋은 내용을 오랫동안 남기게 해야 한다. 이경희 씨는 컴퓨터 통신이 가져오는 역기능을 생각할 때마다 통신에서도 '어른'이 있어야 한다고 생각한다. 모니터링을 하면서 우리나라 청소년 문제의 현주소를 읽게 되는 것도 어쩔 수 없는 현실이다. 수많은 학생, 청소년들이 PC통신을 생활화하는 것에 비해 정작 통신이란 걸 아는 부모는 별로 없기 때문이다. 그래서 그녀는 더욱 다양한 분야의 공부가 필요함을 느낀다.

컴퓨터 시스템 쪽도 배워야겠지만 카운슬러에게 필요한 자세들이 컴퓨터 통신 모니터에게도 필요함을 요즘 와서 절실히 느낀다고. 일부러 자신의 직업과는 관계없는 책들을 읽으며 폭넓은 지식과 사고의 깊이를 얻기도 한다.

유난히 직업의식이 강한 편인 이경희 씨는 재택시스템이 활성화될 조짐이 보이므로 많은 여성들이 컴퓨터 통신 모니터에 관심 가졌으면 하는 바램을 갖고 있다. 정보통신회사는 앞으로 점점 늘어날 것이고 시장개방 되면 외국기업도 한국에 진출할 것이므로 수요가 많아질 것으로 보인다.

또한 이 일에서 노하우가 쌓이면 발전할 수 있는 분야가 많이 있기 때문에 정보통신 분야에 접근하는 방법으로서 여성에게는 상당히 유리한 직종이 아닐까 싶다. 이 일이 단순 반복 작업이냐, 아니면 고도의 전문성을 요하는 일이냐 하는 것은 전적으로 본인의 태도와 재량에 달려 있다.

본인이 하기에 따라서 반복작업일 수도 있고, 뉴미디어로서 학문적 정립의 여지도 있는 컴퓨터통신 모니터는 장소에 구애받지 않고 일할 수 있다는 점에서도 상당한 장점이 될 것으로 보인다. 현재 우리나라에는 천리안과 하이텔에서 활동하는 모니터 요원들이 1세대로 꼽히고 있다.

⑰

컴퓨터 속기사

시테크 시대의 선두주자

컴퓨터
속기는 컴퓨터에
연결된 타자기 모양의
속기기계(STENO)를 이용하는데,
사람의 말을 타자기 형태의 속기판에 치면
그 내용이 모니터에 한글로 그대로
나타나고 즉시 프린터가
가능한 최첨단 속기
법이다.

언제부터인가 컴퓨터라는 단어가 우리들 주위에 자주 오르내리는가 싶더니 이제는 현대 고속산업사회를 살아가는 데 없어서는 안 될 동반자로 자리를 잡고 있다. 그만큼 컴퓨터를 활용한 산업이 확대되고 있는 것이다. 모든 분야의 첨단화라고나 할까.

증거를 가장 효율적으로 보관하는 방법은 녹음테이프보다는 속기를 이용해 문서를 남기는 것이다. 그러나 모든 분야에 컴퓨터의 보급이 일반화되고 문서를 작성하는 데에도 워드프로세서의 보급이 일반화된 현실에서 손으로만 필기를 하는 속기사의 업무에 한계가 있는 것은 당연한 일이다.

사회가 점차 전문화, 세분화되는 것처럼 속기사의 영역도 마찬가지다. 기존의 속기사 업무의 한계를 극복하고 속기의 속도를 한층 진보시킨 것이 컴퓨터 속기이다. 컴퓨터 속기는 세분화되는 속기영역에 새롭게 자리잡아 가는 대표적인 직종이라 할 수 있다.

컴퓨터 속기는 컴퓨터에 연결된 타자기 모양의 속기기계(STENO)를 이용하는데, 사람의 말을 타자기 형태의 속기판에 치면 그 내용이 모니터에 한글로 그대로 나타나고 즉시 프린터가 가능한 최첨단 속기법이다.

컴퓨터 속기사로 일하고 있는 전민숙(28) 씨도 컴퓨터 기능을 활용, 새로운 직업에 도전하여 성공한 케이스다.

간단한 부호로써 연설, 회의의 내용을 수작업으로 하는 속기인구는 많이 있지만 컴퓨터 속기는 아직도 생소한 게 사실이다.

"컴퓨터 속기는 정확하게 표현하면 컴퓨터를 보조기구로 이용한 속기입니다. 말보다 더 빨리 칠 수 있는 속기기계로 사람의 말을 받아 치면 컴퓨터 모니터에 우리말로 동시에 변환돼서 나타납니다. 그 자리에서 프린트가 작성되는 최첨단 속기법이지요. 미국 등에서는 컴퓨터 속기를 이용해 폐회 후 곧 의원들에게 회의록을 배포하고 있습니다."

의정부에 있는 경민여상을 졸업하고 무역회사에서 수출서류 작성하는 일을 하던 전미숙 씨가 4년전 국내에 처음 소개돼 현재까지도 일반인들에게 생소한 컴퓨터 속기를 접한 것은 91년이다.

"오락기를 제조, 수출하는 회사에 다니다 어느날 갑자기 회의가 들어군요. 제가 하는 일의 장래성을 의심하게 되었어요. 하는 일이 단순반복 업무인데다 결혼하면 사직해야 하는 회사분위기였거든요. 이러저러한 이유로 진로에 대해 방황할 때 우연히 회사 근처에 있는 속기학원을 찾은 것이 계기가 되었지요."

전민숙 씨는 기왕이면 컴퓨터 시대에 더 유망한 컴퓨터 속기를 배워야겠다고 생각했다. 월 수강료 7만원이라는 다소 비싼 비용을 1년반 동안 투자했다. 이때 고등학교 때 배워둔 타자실력이 큰 도움이 되었음은 물론이다.

"하루 세 시간 이상씩 연습했죠. 배울 때의 어려움은 '속도'를 빨리 내야 한다는 것이었어요. 그러나 무엇보다 중요한 건 하루도 빠지지 않고 연습하는 습관과 인내력이라고 봐요."

그러한 열의 덕분에 전민숙 씨는 배운 지 1년여 만에 1급 자격증을 무난히 획득할 수 있었다. 1급 자격증을 소유하면 1분에 320자를 치는 전문가가 된다.

흔히들 '시간은 돈이다'라고 얘기한다. 수작업으로 하는 손속기의 경우 속기를 하고 난 뒤 한글로 번문을 해야하고 이를 다시 타자기 등으로 문서화해야 하지만 컴퓨터 속기는 컴퓨터 화면에 속기 내용을 바로 볼 수 있고 곧바로 문서로 뽑을 수가 있다. 여기에 걸리는 시간을 돈으로 계산하면 대단한 숫자가 아닐 수 없다.

컴퓨터 속기는 디스켓을 이용, 내용을 보관할 수 있을 뿐만 아니라 휴대용 노트북 컴퓨터와 연결하여 먼 거리에 회의내용을 전송할 수도 있다.

현재 우리나라에서 활동 중인 컴퓨터 속기사는 불과 70여 명으로 컴퓨터 속기의 신속성과 정확성으로 인해 속기를 필요로 하는 분야에서 상당한 호응을 얻고 있다. 그러나 양성기관이 적고 아직은 취업준비생들에게 알려지지 않아 공급에 비해 수요가 많은, 상당히 우수한 조건을 갖고 있다고 할 수 있다. 국회 및 시의회, 지방의회에서도 많이 필요로 할 뿐더러 기업이나 단체에서도 컴퓨터 속기요청이 많이 들어오고 있는 추세이다.

"주로 회의록을 작성해주는 일이 많지요. 정기국회 때의 회의록 작성을 비롯해서 법정이나 정치회의, 행정 각 부서 및 관공서 회의록 작성 때 속기작업이 필요합니다. 각 기업체의 초를 다투는 문서작성이나 변호사 사무실의 서류작성, 각종 기자회견 내용 문서화, 동시통역사의 원고작성 및 이사회, 주주총회 등의 회의록을 작성합니다."

전민숙 씨는 지난해 뜻맞는 동료 세 명과 함께 공동출자하여 서초동 법원단지 입구에 개인사무실을 마련했다.

'한울 속기사무실'이라는 상호를 내걸고 본격적인 활동을 시작한 것이다.

"뭔가 새로운 것을 시작한다는데 대한 불안감도 있었지만 미래에 대한 더 큰 확신과 기대가 있었기에 어렵사리 얻은 직장도 포기하고 컴퓨터 속기를 배우는 일에 몰두할 수 있었던 것 같아요."

컴퓨터 속기사가 되기 위해서는 특별한 조건을 필요로 하지 않는다. 끈기와 열의만 있으면 누구나 할 수 있는 일이다. 전민숙 씨의 경우 경력은 2년이지만 베테랑 컴퓨터 속기사로 대접받는다. 아직도 이쪽 분야의 역사가 짧기 때문에 본인만 열심히 하면 다른 분야보다 시간을 앞당겨 전문가의 대열에 오를 수 있는 장점을 가진 것이 컴퓨터 속기사의 세계이다.

사람의 말을 따라잡는데서 오는 묘한 쾌감과 일을 통한 간접경험으로 많은 지식을 얻을 수 있다는 것이 컴퓨터 속기의 매력이라는 전민숙 씨. 노트북 PC와 속기용기계(STENO)를 들고 어디든지 달려가는 그녀.

손으로 하는 속기와는 비교할 수 없을 정도로 빠르고 정확하다는 그녀는 '내 손과 발이 말을 듣는 한은 계속 이 일을 해나갈 것'이라고 포부를 밝히는 28세의 미혼이다. 그럼에도 불구하고 스물여덟이라는 나이에 비해 전민숙 씨는 '결혼 그 이후'에 대한 준비가 철저한 편이다.

다니던 무역회사는 여직원이 결혼하는 것에 대해 노골적으로 눈쌀을 찌푸리고, 꽃꽂이니 지점토니 하며 이것저것 배우러 다니기에는 전혀 생산성없는 허술한 일로만 생각되고…… 평생동안 지탱해줄 '나만의 일'을 가져야겠다는 생각이 굳건해질수록 그녀는 더욱 일에 매달린다.

보통 35세를 전후한 시기를 가리켜 다른 어느 세대에서도 보기 힘든 왕성한 생산성을 발휘하는 인생의 황금기라고 하는데, 전민숙 씨의 경우 매우 발빠르게 미래를 내다보고 준비하는 여성이라고 해도 무리가 아닐 듯하다.

자기만의 일을 찾아 삶의 보람과 기쁨을 느끼며 활기차게 지내는 여성들은 혜택받은 소수에 불과할 뿐, 대다수가 아직도 '여성자신의 일'을 찾아 방황과 좌절을 거듭하고 있는 이때 그녀가 던지는 메시지는 자못 크다.

그녀와 인터뷰를 하다보면 오늘도 많은 여성들에게 자신의 처지를 한탄하거나 좌절하지만 말고 자기 일을 찾아 활기차게 살라고 격려하는 외침이 들어있는 듯하다. 썩 만족스럽지는 못하더라도 자신의 위치에서 최선을 다하며 미래를 기다리는 여성들 편에 서있는 전민숙 씨의 야무진 입매무새가 '보통이상'임을 암시해준다.

컴퓨터속기는 배우기가 쉬운 편이지만 아직은 교육기관이 많지 않다. 서울에는 고려컴퓨터학원을 비롯해 4~5곳의 컴퓨터 학원에서 컴퓨터 속기강좌를 개설하고 있으며, 지방에도 10여 곳에서 컴퓨터 속기교육을 시키고 있다. 자격시험은 일반속기사와 동일하다.

교육은 보통 6개월 과정으로 진행되는데, 처음 2개월 동안은 컴퓨터 속기판의 자판을 익히는데 소요되고 이후 4개월은 속기사와 마찬가지로 실기훈련을 하는 시간이다. 아직은 강의를 듣는데 학력을 제한하고 있지는 않지만 상공회의소에서 실시하는 속기사 자격시험에 합격을 해야만 취업이 가능하기 때문에 고졸 이상의 학력을 가진 사람에게 적당하다.

18

PC 출장교사

컴퓨터 공포증 없애주는
편안한 선생님

"컴퓨터
교육을 받기
시작한 지 한 달
반만에 MS-DOS, HWP를
익힐 수 있었어요. 주부들만을 대상으로
해서 그런지 비교적 이해하기 쉽게 가르치더군요.
중요한 것은 컴퓨터공포증에 시달리는 주부들
에게 컴퓨터가 그리 대단한 존재가
아니라는 것을 깨닫게 해준
것이 장점이라고
생각해요."

컴퓨터를 배우긴 배워야겠는데 학원을 다니긴 웬지 쑥스러운 중년의 직장인, 젊은 학원강사에게 그것도 모르냐는 핀잔을 들을까봐 주눅 든 주부, 사회적 지위를 의식해서, 또는 바쁜 스케줄 등으로 정해진 시간에 맞춰 학원에 나갈 수 없는 사람들……

이처럼 다양한 개인사정을 충분히 고려하면서 컴퓨터에 대한 개인지도를 해주는 PC 출장교사들의 수요가 늘어나고 있다. 미혼여성들이 출장교사직을 선호했던 데 비해 요즈음은 주부들이 이쪽 분야에 많이 진출하고 있는데, 이유는 미혼여성들보다 주부들이 배우는 학생들의 입장을 잘 이해하고 융통성이 있기 때문이라고 한다.

"제가 가르치는 사람들은 말이 학생이지 실제로는 연령도 높고 사회적인 활동도 왕성하며, 주부들의 경우 대체로 40~50대 연령층이 많습니다. 따라서 교사도 이 분들이 편안하게 배울 수 있도록 어느 정도의 연륜을 갖고 있어야 좋아 하더군요. 두루두루 인생경험을 거친 주부들이야말로 PC 출장교사를 아주 잘 해낼 수 있는 적임자라고 봐요."

김병애(47세) 씨.

그는 얼마 전까지만 해도 주부이자, 두 아이의 어머니이며 한 남자의 아내로서 만족했던 사람이다. 그러나 지금은 그에게 하나의 수식어가 더 따라다닌다. 그의 명함에는 '출장교사 김병애'라고 쓰여져 있다. 명실공히 컴퓨터 선생님으로 동분서주하는 그는 요즘 무척 바쁘다.

'여자 나이 마흔일곱'에 전문직에 도전했고, 일 때문에 점점 더 바빠질 조짐이 보이고 있으며, 반듯한 명함에 잃어버린 이름 석자를 당당히 올려 놓은 그도 얼마 전까지는 컴퓨터 공포증에 시달리던 평범한 주부였다.

"중학교 교사노릇을 하다 7년만에 교직을 떠났습니다. 두 아이를 다 남의 손에 맡길 수 없다는 생각에 미련없이 사표를 던진 것이지요. 한동안 아이 키우는 일에만 전념했습니다. 내 아이가 소중한 만큼 아이들과 함께 하는 생활이 즐거웠습니다. 그러다가 고3, 고1이 될 만큼 아이들이 크자 뭔가 다시 일을 해야겠다는 생각을 한 겁니다."

그는 무작정 동네 컴퓨터 학원을 노크했다. 학원에서는 '단지 그대가 주부라는 이유만으로' 별 기대도 없이 형식적으로 가르치는 것 같았다. 많은 사설학원들이 그렇듯 젊은 사람 위주로 과목을 짜놓고 학생들의 수준을 점검하지도 않은 채 넘어가는 것이 그는 영 내키지가 않았다. 한달 반 동안 다녔으나 학원강사가 무슨 말을 하는지 도대체 개념이 안 들어와 학원을 나와버렸다.

그는 집에 와서 곰곰히 생각했다.

"참 소용없는 짓이다. 이렇게 목표없이 무작정 배운다는 것은. 내가 배우고 싶은 것은 보다 체계적인 그 무엇인데……"

그는 학원에 가서 다시 물어 보았다. 사무자동화 과정을 다 마스터하려면 얼마나 걸리느냐고. 학원강사는 적어도 6 ~8개월 걸린다는 것이다.

학원을 그만두고 그는 소프트웨어 개발회사인 (주)현민 시스템이 개설한 주부 컴퓨터강좌에 등록했다. 현민을 알게 된 것은 몇년 전이지만 그때는 자신에게 컴퓨터 마인드가 없었기 때문에 그런 것이 눈에 들어오지 않았다.

92년 8월부터 교육을 받기 시작하여 한달 반 만에 MS— DOS, HWP를 익힐 수 있었다. 주부들만을 대상으로 해서 그런지 비교적 이해하기 쉽게 가르쳤다. 중요한 것은 컴퓨터 기피증을 앓고 있는 대다수 주부들에게 컴퓨터가 그렇게 대단한 존재가 아니라는 것을 깨닫게 해 준 것이 장점이라고 생각했다. 그는 용기를 내어 보다 심화된 과정을 배워 나갔다. 데이터베이스와 스프레드 쉬트인 로터스를 배운 것이다.

컴퓨터를 배우기 시작한 지 8개월만인 93년 5월, 컴퓨터 강좌의 조교로 일할 수 있는 기회가 주어졌다. 그에게는 매우 중요한 시점이었다.

"주부 컴퓨터교실 조교로 3개월간의 교사실습을 거친 후 국민학생을 대상으로 한 컴퓨터 교실을 맡아 가르치게 되었습니다. 주부가 컴퓨터 교사를 하려면 꼭 조교과정을 거치라고 말씀드리고 싶습니다. 왜냐하면 학생과 교사의 중간자적 위치에서 양쪽의 체크포인트를 파악해 내는 아주 중요한 위치거든요. 또한 컴퓨터는 내가 에러를 내지 않으면 그냥 넘어가게 되지요. 그러나 조교를 하면서 학생들이 발생시키는 에러도 경험하게 되면 가르칠 때 미리 주의시킬 수 있지요."

그는 93년 8월부터 본격적인 PC출장교사로 활동하기 시작했다. 1인 개별지도와 소그룹을 병행하면서 자신이 배운 것을 열심히 전파해 나가고 있다. 그가 요즘 가르치는 주요 대상은 주부들이다. 그는 주부가 주부를 가르치는 일이 오히려 잘된 일이라고 생각한다. 학원교육에 어려움을 느끼는 주부들에게는 똑같은 어려움을 겪었던 주부교사가 가르치는 것이 훨씬 더 실감나고 그들의 가려운 부분을 긁어줄 수 있기 때문이다.

"주부학생들에게는 우선 컴퓨터 공포증을 해소해주는 것이 일차적 목표입니다. 생활의 일부가 된 컴퓨터를 미루고 미루다 못 배운 주부들에게 쉽고 편안하게 가르쳐주다 보면, 컴퓨터를 가정생활에 활용하는 아이디어는 그들 속에서 저절로 나오지요. 일단 시작해 놓으면 아주 재미있어 합니다. 이런 것들은 학생과 교사가 다 같은 주부라는 심리적 안정감 때문이 아닐까요."

그는 결혼 후 집안에서 남편과 자녀의 뒷바라지에 매달려 자신을 포기하는, 그래서 자신의 이름마저 잃어버리고 사는 이 시대의 주부들에게 꼭 컴퓨터를 배울 것을 권한다. 일단 초급과정부터 배우기 시작하면 다음 단계는 저절로 동기부여가 되고, 그렇게 1년 정도를 투자하면 취업의 문도 얼마든지 열릴 것이라고 강조한다.

"주부가 컴퓨터를 익히면 가족간의 의사소통에서 소외감을 느끼지 않아도 되고, 급변하는 현대사회에 발맞추어 간다는 자부심도 느끼게 됩니다. 이렇게 소박한 동기로 출발해 차차 직업과 관련된 부분을 관찰하다 보면 컴퓨터 관련 직종이 무궁무진하다는 것을 알 수 있습니다."

흔히들 직업의 세계에도 떠오르는 별과 사라지는 별이 있다고 얘기한다. 사회가 빠른 속도로 정보통신화하면서 사라져 가는 직업이 있는가 하면 새롭게 창출하는 직업이 있다. 새롭게 떠오르는 대표적인 분야가 바로 컴퓨터와 정보통신관련 분야이다. 이 분야의 특징은 성(性)의 구분이 의미가 없고, 직종과 직종간의 접목이 가능하다는 데 매력이 있다.

김병애 씨는 벌써부터 소그룹 출장강의 요청이 쇄도해 시간표를 짜맞춰야할 판이라고 즐거워 한다. 7년간의 교직 경험 때문인지 가르치는 일이 자신의 적성에 딱 맞는다는 그는 이 일이 파트타임을 원하는 주부들에게도 좋은 일거리라고 부연설명한다. 학생들의 교육시간이 정해지면 일정한 시간에만 출장교육을 할 수 있으므로 하루 온종일 직장일에 매달릴 수 없는 주부들에게 적당한 일자리임은 분명하다.

미혼 여성과 주부를 대상으로 하는 컴퓨터 강좌는 각 사회단체나 여성단체에서 실시하고 있으며, 신문사 문화센터에서도 어머니 컴퓨터 교실을 별도로 운영하고 있다.

(주)현민시스템에서는 개인용 컴퓨터 교육과정을 마련해 93년 5월부터 일반주부를 대상으로 PC교육을 실시하고 있으며, 기초교육과정을 마친 주부들 중 교사양성과정을 수료하면 컴퓨터교사로 활동할 수 있도록 돕는다. 교사양성과정은 기초과정을 마친 주부에 한해 PC설치와 수리, 프로그램의 설정 등을 교육해서 취업의 장으로 연결시키고 있다.

⑲

PC학원 강사

컴퓨터 문맹 퇴치에
큰 역할을 하는 사람

"교육이
끝나고 나서도
학생들이 계속 전화해서
더욱 심화된 내용을 질문하거나
응용하는 방법을 물어올 때 보람을 느낍니다.
반면에 어려운 점은 권태를 극복하는 일이죠. 가르
치는 일의 권태가 아니라 같은 내용을 반복
함으로서 오는 매너리즘……강사가
어리다고 무시한다든지 권위
를 내세울 때는 참
힘들어요."

도심의 주택가 골목 어귀에서도, 지방의 작은 읍내에서도 컴퓨터 학원 간판을 보는 것이 이젠 낯설지 않은 풍경이 되었다.

국내에 개인용 컴퓨터 보급대수가 300만 대를 돌파한 지금 기업체의 사무자동화는 물론 각 가정에서도 PC는 이제 생활용품의 하나가 되어가는 상황이다.

주부들이 컴퓨터를 이용해서 가계부를 쓰고, 청소년들이 PC통신을 이용하여 대화 또는 정보를 얻고, 가장 보수적이라는 공무원 사회에서도 컴퓨터를 사용하는 지금, 그들이 자유자재로 PC를 활용할 수 있도록 가르치는 사람이 컴퓨터 강사 또는 교사들이다.

컴퓨터 강사라는 직업은 컴퓨터의 대중화에 가장 큰 역할을 담당하는 사람이다. 보통 국민학생, 중고등학생 대상의 컴퓨터 학원과 취업을 위한 대학생 및 일반인 상대의 전산학원, 공공기관이나 기업체에서 운영하는 컴퓨터 교육센터 등이 있는데 이들은 대상에 맞는 코스를 마련하여 문호를 개방하고 있다.

올해 나이 26세의 류경이 씨는 92년 5월부터 매일경제신문 컴퓨터 교육센터의 시간강사로 일하고 있다. 한 반이 28명인 이 곳에서 그녀가 가르치는 과정은 MS-DOS, HWP, dBASE, LOTUS이다.

수강자의 대부분이 직장인들인 매경컴퓨터센터는 처음엔 매일경제 직원들의 컴퓨터 교육을 목적으로 과정을 개설했으나 직원교육이 거의 마무리 될 즈음인 90년부터 일반인들의 신청을 받기 시작했다.

"지금은 많이 익숙해졌지만 처음엔 제 나이가 너무 어려서 수강생들과의 공감대 형성이 안 돼 애먹었어요. 직장인들의 경우 40~50대에서 심지어는 60대 연령층도 많이 있거든요. 교육받으러 오는 사람들은 실제 업무에 활용하실 분들이 제일 많고, 개인사업상 필요해서 오는 사람, 경영인들의 경우 직접 컴퓨터를 다루지는 않지만 직원들과의 의사소통을 위해서 오는 사람 등 컴퓨터를 배우는 목적도 다양합니다."

류경이 씨는 89년도에 동양공전 사무자동학과를 졸업했다. 가정형편을 고려하여 전문대학을 지원했고 졸업 때까지 장학금을 받은 그녀는 4년제 대학이 아니라는 것 때문에 열등감을 느낀 적도 많았다고 한다.

그러나 학교를 졸업하기도 전에 취업추천이 들어왔다. 대학 2학년 2학기 때 교수님 추천으로 삼성그룹 계열사인 삼성전관 교육팀에서 직원들에게 OA과정을 가르쳤다. 나이가

너무 어려서 다 큰 학생들(?)을 가르친다는 게 쉬운 일이 아니었다. 일부러 나이들어 보이는 옷을 입고 화장을 하여 피교육자들과의 공감대를 형성하려고 애썼다. 졸업 후에도 삼성전관에서 계속 일하다 지금은 폐업한 중원기계 전산실로 자리를 옮겨 직원들 컴퓨터 교육을 맡아 했다. 중소기업진흥공단의 지원을 받아 회사 업무전산화작업 도중 회사가 부도를 맞은 것이다.

92년 5월 중원기계 퇴사와 동시에 매일경제 컴퓨터센터 시간강사를 맡게 된 그녀는 회사측으로부터 전임강사로 일해줄 것을 권유받았다. 그러나 전임을 고집하고 싶지 않았다.

"전임강사가 고용의 안정성은 있지만 일이 많고 힘들어요. 꼭 강의만 하는 것이 아니라 강의가 없는 시간에는 일반사무도 해야 하기 때문이죠. 회사측으로서는 시간강사보다 전임강사가 훨씬 유리하지만요. 하지만 한 곳에서 두 시간씩, 두 군데 학원을 뛰면 보수도 만족스럽고 개인시간이 많아서 저는 시간강사가 더 좋은 것 같아요."

한 달에 두 군데 강의를 나가는 그녀의 수입은 평균 80만원에서 100만원 정도. 이 정도 수입에 비교적 만족한다는 류경이 씨는 컴퓨터 강사들이 시간강사를 하고 싶어도 미래에 대한 불안 때문에 전임강사를 택하는 경우가 많다고 한다.

학원들이 대체로 영세하기 때문에 전임강사라 해도 보수가 그리 많은 편은 아니다. 정식직원으로서의 복리후생, 상여금, 퇴직금 등의 혜택은 있지만 개인시간이 시간강사에 비해 전혀 없다. 전임강사의 이직율이 높은 것도 이 때문이다.

"본인만 실력있게 잘하고 인정받으면 시간강사가 오히려 수입도 많고 시간도 자유롭습니다. 그러나 실력을 제대로 인정받지 못할 때는 다음 과정이 계속 주어질지 어떨지 모르기 때문에 불안하지요. 저의 경우는 제가 오히려 시간이 모자라서 들어오는 강의를 다 못하는 상황입니다."

그녀는 가르치는 일 자체에 보람을 느낀다. 매경 컴퓨터 센터의 경우 일반 전산학원과 달리 기업체의 관리자나 대학교수 등 인텔리들이 많이 있어서 그들이 배우고 나가 많은 도움이 되었다고 말할 때 더욱 큰 보람을 느낀다고 한다.

"교육이 끝나고 나서도 계속 전화해 더욱 심화된 내용을 질문하거나 응용하는 방법들을 물어올 때 기분이 좋습니다. 반면에 어려운 점은 권태를 극복하는 일이죠. 가르치는 일의 권태가 아니라 같은 내용을 반복함으로서 오는 매너리즘…… 같은 말을 계속해야 하고, 강사가 어리다고 무시한다든지 권위를 내세울 때는 참 힘듭니다. 그러나 그런 상황도 설득력있게 이해시키고 넘어가면 금방 회복이 됩니다."

전문대학의 전산 관련 학과를 졸업하면 소프트웨어 개발 회사나 일반 기업체의 OA요원, 또는 기업체 전산실 등으로 많이 배출되었는데 요즘은 전산학원으로도 제법 많이 진출한다. 졸업생 입장에서 보면 취업처가 한 군데 더 늘어난 셈이다.

전산학원의 강사들은 전문대나 4년제 대학졸업자가 반반의 비율을 차지한다. 학교를 통해 취업추천을 받거나 신문의 공개채용을 보고 응시하기도 하는데 자격증 유무, 컴퓨터 실기, 강의 리허설 과정을 거쳐 채용되는 것이 일반적이다.

류경이 씨가 졸업한 동양공전 사무자동학과의 경우 타이핑 자격증, 무역자격증, 정보처리기사 자격증을 의무적으로 획득해야 하기 때문에 말이 대학이지 실제로는 고등학교보다 더 빡빡한 생활을 할 수밖에 없었다.

"저의 동기들도 구미컴퓨터학원이라든지 중앙전산학원 등 제법 규모가 큰 학원의 전임강사로 취업한 친구들이 많이 있지만 대체로 시간강사를 선호하는 것 같아요. 전반적인 흐름이 가능만 하다면 프리랜서로 일하기를 원하고 있어요. 그만큼 개인생활의 소중함을 놓치지 않겠다는 생각이겠지요."

컴퓨터 강사의 자격조건이 있다면 무엇일까. 류경이 씨는 우선 가르치는 일이 즐거워야 한다고 말한다. 많은 사람을 다루기 때문에, 특히 성인 대상의 교육이기 때문에 적응력도 있어야 한다고. 간혹 강사를 테스트하려 하거나, 팔짱끼고 앉아서 강사를 구경하는 사람 등 특이한 수강생을 대하게 되는데, 이때는 당당하고 대담한 성격도 보여줄 필요가 있다고 부연설명한다.

"저의 경우 1년 반 동안의 중원기계 업무경력이 학원강사를 하는데 큰 도움이 되었어요. 강사라고 해서 처음부터 강의만 하는 것보다 현업의 분위기를 경험하고 그들이 필요로 하는 부분을 미리 짚어주면 상당히 고마워합니다. 이것이 직장인들 대상 교육의 특징이라고 봅니다. 그런 면에서 대학생을 가르치는 것은 오히려 쉬운 편이지요. 직장인들은 까다롭고 요구가 다양하기 때문에 많은 분야의 상식과 실력을 갖춰야 당황하지 않고 가르칠 수 있어요. 컴퓨터는 정보화 시대의 산물이므로 정보화 시대에 맞는 모습으로 늘 자신을 긴장시키고 노력해야 낙오되지 않겠지요."

전문대나 4년제 대학의 전산관련학과를 나오면 취업이 비교적 쉽지만 고등학교를 졸업한 사람들은 컴퓨터 학원을 수료하여 컴퓨터 기능사 2급 자격증을 따면 강사로 활동할 수 있다.

컴퓨터 기능사 2급, 기사 2급 시험은 모두 한국산업인력 관리공단에서 1년에 2~3회 실시한다. 컴퓨터 기능사 2급은 자격제한이 없으나 기사 2급은 전문대 해당학과를 졸업하거나 기능사 2급을 따고 일정기간 실무경험이 있는 사람만이 응시할 수 있다.

아직도 군소컴퓨터 학원의 난립으로 개·폐업이 속출하고 있지만 현재 우리나라의 컴퓨터 학원은 3500개를 웃돌고 있고(1993년 한국컴퓨터연합회 집계), 서울을 중심으로 대도시는 점차 체계화되고 있는 추세이다.

비교적 이직률이 높고 학원마다 보수의 편차가 심한 것이 현 실정이지만, 실질적인 컴퓨터 교육을 전산학원이 담당하고 있음을 볼 때 컴퓨터 강사에 대한 수요는 계속적으로 늘어날 것으로 보이며, 전산학원의 수준도 서서히 체계가 잡힐 것으로 전망된다.

컴퓨터 강사는 컴퓨터 전문가이면서 동시에 가르치는 일이다. 따라서 교직에 대한 적성이 맞는다면 사명감과 보람을 느낄 수 있는 직업이다. 남녀차별이 없으므로 본인의 능력과 성실도에 따라 정당한 대우를 받을 수 있고, 강사 경험을 살려 전산학원을 자영하는 케이스도 많다.

　신세대의 라이프 스타일이 직업의 세겨에서도 그대로 반영되고 있다. 이것은 젊은 사람들이 정규직보다는 계약직이나 프리랜서를 선호하는 경향을 보아도 잘 알 수 있는데, 이 대목에서 한 가지 간과해선 안 될 점은 여성은 아직도 더 많이 조직생활을 익히고 조직에서 성장해야 한다는 점이다. 평생직 개념으로 직업을 인식한다면 시작하는 단계인 20~30대는 '조직인'으로서의 다양한 과정들을 경험하고 그것이 자양분이 될 때 더 큰 자유전문직으로서의 직업계획도 세울 수 있기 때문이다.

부 록

부록 1

국내 주요 컴퓨터 교육기관

기관명	연수과정명	교육기간	응시자격	전형방법	인원	연수비	문 의
쌍용컴퓨터 교육센터	프로그램 디자이너 과정 (Ⅰ. Ⅱ) CAD과정	24주 (1,026시간) (1일 9시간)	4년제 대학 졸업 (예정자), 전공 불문 (고졸반 별도)	서류, 면접	280명	180 만원	강남구 역삼동 648-23 (대흥빌딩 3층) ☎ 529-2437~9
금성소프트 웨어(주)	소프트웨어 엔지니어 과정 게임과정	25주 (1일 8시간) 6개월	학사학위 이상 취득자 전공 불문	적성검사, 면접	40~ 80명	220 만원	영등포구 여의도동 13-17 (세실빌딩 3층) ☎ 369-9825
선 경 COMPLAZA 정보교육 센터	소프트웨어 엔지니어 과정	6개월 (1일 6시간)	4년제 대학졸업 (예정자)	서류전형, 면접	35명	220 만원	강남구 대치동 1001번지 (취암빌딩 6층) ☎ 569-4313, 4315
정보문화 센터	시스템 분석과정	6개월	4년제대학 졸업 (예정자)	1차 : 필기 (전산적성) 2차 : 면접	40명	200 만원	용산구 한강로3가 65-228 (데이콤빌딩3층) ☎ 720-8254~9
효성데이타 시스템 교육센타	전산전문 과정	6개월	전문대학 졸업 (예정자) 전공 불문	1차 : 서류 2차 : 적성, 면접	40명	200 만원	강남구 청담동 52(청담빌딩) ☎ 510-0114

기관명	연수과정명	교육기간	응시자격	전형방법	인원	연수비	문 의
시스템공학 연구소 정보기술 교육센터	프로젝트 실무 과정	6개월	전문대재 이상 남녀 (전공 불문)	영어, 적성, 면접	50명	134 만원	강남구 역삼동 635-4 (과학기술회관 6층) ☎560-5220
한국비지네스 컨설팅(주) 컴퓨터교육 센터	소프트웨어 엔지니어 과정	10개월 (전기: 6개월 후기: 4개월)	전문대졸 이상 남녀 (전공 불문)	적성 및 면접	30명	280 만원	동작구 신대방동 686-64 (오성빌딩 6층) ☎842-7973
동아일보사 동아문화 센터	소프트웨어 엔지니어 과정	6개월 (1,000시간) (1일 8시간)	전문대학 졸업 이상의 남녀 (전공 불문)	면접	40명	168 만원	영등포구 여의도동 17 (동아일보사 문화센터 4층) ☎781-0896~7
중앙대학교 전산원	전문대학에 준하는 과정 기사2급응 시자격부여	2년	고등학교 졸업자 또는 졸업예정자	서류전형 및 면접	40명	1학기당 70만원	동작구 흑석동 221번지 ☎810-2472

부록 2

미국의 여성 유망직종

1. 물리치료사(Physical therapist)

미국에서 가장 빠르게 성장하는 직종으로 2000년까지 무려 57%가 증가하여 그 인력이 10만 7,000명에 이를 것으로 추산되는 직업으로 유망직종 1위를 차지했다. 전(全) 인구의 14%를 65세 이상의 노령인구가 차지하게 되면서 성인병 치료에 대한 물리치료사의 수요가 늘어날 것으로 기대되는 것은 당연한 일이다. 시험을 거쳐 자격을 취득해야 하고 그 수입은 연봉 3만 달러에서 6만 달러 수준이다.

2. 국제회계사(International accountant)

무역과 다국적기업에 반드시 필요한 전문인력인 국제회계사는 경기의 영향을 거의 받지 않는 인기직종이다. 세무, 회계, 경영, 법학, 그리고 외국어 능력이 요구되며 일정한 교육과정을 이수해야 한다. 최고 30만 달러까지의 수입이 가능한 국제회계사를 비롯한 회계사는 미국에 약 30만 명 이상이 있다.

3. 전직 알선사(Outplacement specialist)

현재 국내에서도 서서히 뿌리를 내리고 있는 전직 알선사는 감원, 기업통폐합으로 생긴 유휴인력을 적당한 직장이나 직종에 재취업토록 상담, 알선해 주는 일을 한다.

미국에서는 1960년대 후반에 시작되어 현재의 시장규모는 89년 현재 4억 6,000만 달러에 달하고 있다.

4. 마취간호사(Nurse - anestheist)

병원에서 마취의사와 같은 역할을 하지만 더 낮은 진료비를 받고 있어 그 수요는 계속 증가될 것으로 기대되는 직종으로 자격증이 있어야만 취업이 가능하다.

5. 검안사(Optometrist)

컴퓨터의 보급으로 인해 검안사의 인기는 날로 치솟고 있다. 더구나 모든 사람은 65세 이상이 되면 시력이 약화되어 이들의 필요성은 더욱 절실하다. 4년 과정의 안과학을 전공해야 하고 수입은 평균 4만 달러에서 7만 달러이며, 개업이 가능하다.

6. 의사보조(Physician assistant)

1960년대 초 내과의사의 부족을 메우기 위해 생긴 것으로 간호사의 역할과 비슷하지만 더 많은 훈련이 필요하고 업무도 더 전문적이다. 의사들이 더 많은 환자를 진료할 수 있도록 도와주는 이들의 수요는 2000년대에는 무려 23% 정도가 증가할 것으로 보인다.

7. 조제사(Pharmacist)

조제사는 기존의 근무처인 약국 외에 병원, 제약회사, 학계, 정부기관 등으로 근무영역이 넓어지고 있는 직종으로 5년의 정규과정 수료가 요구된다.

8. 수의사(Veterinarian)

미국에서는 현재 5만여 명의 수의사가 있다. 그러나 품종개량을 위한 새로운 기술의 개발과 축산이 많아지면서 더욱 전문적인 분야의 수의사를 원하고 있어 수요는 더욱 커질 전망이다.

9. 파산 전담 변호사(Bankruptcy attorney)

이 직업은 아이러니컬하게도 경기가 부진할수록 그 필요성이 높아진다. 법학을 공부한 사람이면 누구든지 자격이 있다고 한다.

10. 환경기사(Environmental engineer)

국내에서도 주가가 오르고 있는 환경기사가 미국에서도
인기있는 직업이다. 환경 소송에 관련된 기업이나 사기업,
공익단체 등에서 근무할 수 있으며 수입은 최고 10만 달러
정도이다.

11. 임상 – 연구 관련직(Clinical –research associate)

의료 단체에서 의무적으로 고용하게 되어 있는 인력으로,
간호학, 화학, 생물학, 약학, 그외 의학관련 학과를 수료한
사람이면 가능하다. 수입은 2만 5,000달러에서 6만 달러
수준으로 알려져 있다.

12. 출산관련 내분비전문의(Reproductive endocrinologist)

불임 부부가 늘어나고 노령출산이 증가하면서 산부인과
에 대한 전문의의 필요성이 증대되고 있다.

13. 환경문제 전문변호사(Environmental attorney)

환경문제 소송시 정부와 기업 사이에서 조정 역할을 하
는 변호사로 법학과를 마친 후 이 분야에 뛰어드는 것이 방
법이다.

14. S/W 엔지니어(Software engineer)

85년 300만 4,000대의 PC가 90년에는 16.8%가 증가
하여 1,600만 8,000대에 달하고 있다. 그래서 소기업과 대
기업에서는 컴퓨터를 다룰 수 있는 전문가를 구하는 데 혈
안이 되어 있다. 한달에 최고 5만 8,000달러의 수입이 보
장된다고 한다.

15. 특수교육 교사(Special-education teacher)

지체부자유자나 정신장애자들을 가르치는 특수교육 교사
는 현재 미국내에서 2만 7,000여 개의 자리에 사람이 부족
한 상태이며, 더구나 많은 교사들이 퇴직하게 되는 90년대
에는 그 수요가 더욱 증가할 것으로 예상된다.

자격증이 있어야 되고 바람직한 인성을 가진 사람만이
택할 수 있는 업무이다.

16. 의료서비스 행정가(Health services administrator)

병원의 예산 책정과 정책 결정에 관여하는 행정가로 2~
3년의 병원행정 교육이 필요하다. MBA(경영관리 전문가)
가 종사하는 경우가 일반적이다.

17. 고용 보조프로그램 지도자(Employee assistance pro-gram director)

직원의 채용이나 교육, 훈련, 고객 관리, 경제적·법적인 문제에 관한 프로그램을 개발하여 지도하는 작업으로 사회 과학 전공자에게 적당하다.

18. 기술 훈련가(Technical trainer)

미국의 기업들은 자동화되어 가고, 예산절감과 생산성 향상을 위해 수동의 노동자를 대체하려는 노력을 하고 있다. 그러므로 오늘날 기술훈련가는 그 어느 때보다도 바쁘게 움직이고 있다.

기술 훈련가들은 대기업의 인력관리 부서나 고객회사의 직원을 독자적으로 훈련시키는 기관을 운영할 수 있다.

정규적인 교육이 요구되며 수입은 2만 7,000달러에서 16만 5,000달러 정도이다.

19. 인력 경영 담당자(Human-resources manager)

직원 교육과 이직을 방지하는 업무를 맡게 되는데, 경영을 전공했거나 MBA자격증을 가지고 있으면 매우 유리하다. 대기업에서는 약 20만달러를 받는다.

20. 개발 업무(Development officer)

기금모금 행사를 대행하거나 우편 판매용 선전물을 우송하는 사업, 텔레마케팅 캠페인 등을 기획하는 일종의 이벤트업이다. 영업이나 마케팅의 경험이 있으면 매우 좋다.

21. 체육행사와 특수목적을 가진 이벤트 기획업(Sport and special event marketer)

이들은 기업의 마케팅 부서나 독자적인 컨설팅 사무소를 차려서 활동한다. 마케팅과 경영의 경험은 필수적이며 실력만 있으면 10만 달러이상의 월급을 받을 수 있다.

22. 케이터링업(Caterer)

잔치에 쓰일 음식을 대행해서 장만해 주는 업종으로 우리나라에서도 차츰 생겨나고 있는 것으로 알려지고 있다. 정규적인 교육이 필요한 것은 아니다.

23. 개인 은행가(Private banker)

은행가들이 90년대 경기가 침체될 것이라는 예측을 하자 개인 은행가의 역할은 커지고 있다. 이들은 포트폴리오 관리와 수익관리를 하고, 보수는 이 일들로부터 생긴다.

MBA가 유리하나 꼭 필요한 것은 아니고 고소득층의 고객을 다룰 수 있는 경험도 똑같이 요구된다.

24. 경영지도자(Management consultant)

80년대 중반 사업경기의 상승으로 인해 경영지도사의 평균 성장비율은 15%에서 18%로 상승했다. 경기가 어려울 때 많은 기업들은 이들을 고용해서 그들의 일을 돕게 한다. 정규적인 교육이 요구되는 대기업일수록 MBA나 대학원 졸업자를 원하는데 보수는 수준에 따라 다르지만 월 20만 달러 이상의 수입이 가능하다.

25. 랍비와 목사(Rabbi/Minster)

오늘날 미국에서 1,800만 명의 기독교와 유대교인이 있다. 그리고 신학에 대한 새로운 열정은 더욱 그 수를 증가시킬 것이다.

경기침체로 기부금은 줄었지만 신학교에 등록하는 학생들의 숫자에는 큰 영향이 없다. 4~6년의 신학교 과정을 마쳐야 랍비와 목사가 될 수 있다.

(『Working Woman』지에서)

부록 3

2000년대 유망직업

관련직업	직 업 의 종 류
정보컴퓨터	컴퓨터분석가, 컴퓨터그래픽전문가, 컴퓨터프로그래머, 컴퓨터서비스기술자, 하드디자이너, 컴퓨터문제전문변호사, 컴퓨터안전전문가, CAD/CAM기술자, 컴퓨터마이크로프로세서기술자, 컴퓨터판매훈련가, 소프트웨어클럽책임자, 소프트웨어전문가알선업자, EDP검사원, 정보브로커, 정보조사과학자, 전자우편전문가, 케이블텔레비전판매원, 케이블텔레비전검사원, 인공기능기술자, 시스템분석가, 텔레커뮤니케이션시스템설계자, 컴퓨터이용단층촬영기술자, 통신기술자, 특수장비취급전문가, 인조인간기술자
해양산업	해저문화재전문기술자, 바다양식전문가, 해양채광전문가, 해저탐사전문가
로봇산업	로봇기술자, 로봇산업전문가, 로봇판매원, 로봇훈련가, 로봇과학자
우주개발	우주비행사, 월면광석채광원, 혹성탐사기술자, 우주식물학자, 월면탐사전문우주인, 우주기계기술공
건강·의료	가정보건상담원, 가족문제중개인, 치료가, 노인성질환전문간호원, 근육요법사, 미용성형외과의사, 방사선생태학자, 안전문제취급기술자, 건강물리학자, 죽음문제전문가, 체력단련전문가, 마사지치료사, 알콜중독치료카운슬러, 의학진단용음향그래프기술자, 장기이식조정전문가, 신체이식조정전문가, 인체봉합전문가, 정신분석전문가, 스포츠관리학자, 청각생리학자, 암환자전문영양학자, 간호·조산원 내과의사조수직, 레이저시술의사, 댄스요법치료사, 실내공기관리전문가, 의학진단용영상기술자, 양전자이용뇌단층촬영기술자

관련직업	직 업 의 종 류
에너지	태양기술자, 태양에너지고문, 태양에너지연구과학자, 화산연구가, 핵연료전문가, 핵연료기술자, 핵의학전문가, 핵반응기술자, 핵융합기술자, 발전소검사관, 에너지검사원
유전공학	유전생화학자, 유전자교환기술자, 유전기술전문가, 미생물유전학자, 식품치료사, 정자학자, 미생물채광학이용기술자, 단백질구조공학자
서비스	여가문제상담원, 재정분석가, 직업문제상담원, 행복문제상담가, 재무계획가, 직업개발전문가, 재정고문가, 퇴직자전문상담가, 필적분석가, 색상문제전문상담가, 이혼중재인, 원예치료사, 주택보수전문가, 물자활용전문가, 생명의 전화상담원, 시장개발전문가, 임원(중역), 재취업상담가, 무장경비운반원, 개성창출상담가, 수줍음증치료상담가, 어린이문제전문변호사, 지역사회심리학자, 애완동물돌보기, 민원조사원, 편익(이익)분석가
문화	예술활동매니저, 테이프도서관사서, 문화·역사학자, 수중고고학자, 윤리학자, 출판물매니저
법률·세금	계약문제전문행정가, 공장 또는 주거이동문제전문상담가, 법의학자, 스포츠법률전문가
환경	수질전문가, 유해폐기물취급기술자, 토양관리인, 폐기물관리자, 지역사회생태학자
기타	전략계획가, 미래예측가, 레이저광선전문가, 특수용접공, 광섬유전문가, 플라스틱기술자

부록 4

일본의 유망 신직종

순위	산 업 소 분 류 업 종	5 년 간 증 가 수(명)
1	정보 서비스업	177,692
2	각종 물품 임대업	5,136
3	민영 직업소개업	13,670
4	기타 물품 임대업	30,129
5	개인교수소	125,635
6	산업폐기물 처리업	9,034
7	타 분류에 포함 안된 생산자 상대 서비스업	130,108
8	영화제작·배급업	10,785
9	유선방송업	3,607
10	기타 의료관련 서비스업	8,963
11	기타 전문 서비스업	69,245
12	공원, 유원지	9,315
13	리넨 서플라이업	16,618
14	자동차 임대업	5,383
15	유희장	71,942
16	노인복지사업	22,940
17	개량증명업	2,206
18	건물서비스업	101,351
19	상업용 기계기구 임대업	13,876
20	디자인업	8,666
21	장의·화장업	7,813
22	치과기공소	3,212
23	수의업	2,741
24	타 분류에 포함 안된 개인 상대 서비스업	21,813
25	요술업(妖術業)	18,343
26	스포츠·오락용품 임대업	1,244
27	흥행단	3,378
28	기타 보건·폐기물 처리업	1,754
29	치과진료소	45,050
30	운동경기장	39,189

(일본 총무청 「사업소통계」)

순위	산 업 소 분 류 업 종	5 년 간 증 가 수(명)
31	법률사무소 특허사무소	5,717
32	광고업	19,038
33	도살업	731
34	병원	185,295
35	사회보험사업단체	7,274
36	기계수리업	19,590
37	기타 오락업(서비스 전체의 평균지수)	5,102
38	미용원	46,622
39	공인회계사·세무사 사무소	14,469
40	특허욕장업	3,090
41	상품검사업	2,089
42	사무용기계 임대업	1,229
43	사진업	8,292
44	간이숙박소	626
45	여관	50,643
46	고등교육기관	21,645
47	보통세탁업	20,557
48	전수학교·각종학교	7,683
49	공증인·사법서사 사무소	2,764
50	일반폐기물 처리업	9,434
51	주차장업	4,182
52	토목건축 서비스업	20,950
53	타 분류에 포함 안된 수리업	815
54	사업협동조합	1,447
55	물품예탁업	249
56	일반진료소	15,301
57	경제단체	2,420
58	민간방송업	1,027
59	뉴스공급업	461
60	이용업	3,203
61	표구업	142
합 계		1,462,925

부록 5

2000년도 인기직종 및 종사자수 (미국)

인 기 직 종	종 사 자 수
○ 텔레마케팅 종사자	8,000,000
○ CAD/CAM 종사자	1,220,000
○ 소프트웨어 개발 전문가	1,000,000
○ 의료 전문가	725,000
○ 노인문제 전문 종사자	600,000
○ 주택/주거 문제 전문 종사자	490,000
○ 에너지 관리사	400,000
○ 응급조치 의료 전문가	375,000
○ 장수문제 전문가	300,000
○ 유독성 쓰레기처리 전문가	300,000
○ 에너지 절약 자문 전문가	180,000
○ 밧데리 기술자	160,000
○ 신체장애자 문제 전문가	120,000
○ 방사능 전문 과학기술자	105,000

자료 : U.S News & World Report

부록 6

기술만 습득하면 대졸여성이 남성과 동등하게
채용 가능한 직종

구 분	직종 및 업무
관리·사무직	전 사무직, 기획, 경리, 전산기 이용 전 사무직, 교육, 노무관리, 현장관리, 홍보
영 업 직	영업, 현장계약
기 술 직	연구개발, 전산, 오퍼레이터, 프로그래머, 품질관리, 검품, 설계, 제도사, 시공
특 수 직	번역, 디자이너, 의상 디자이너, 그래픽 디자이너, 열처리사, 통역, 의사
기 타	전 직종 전 직무, 국가안정 면허소지 전 직종

(한국여성개발원 자료)

부록 7

현재는 남성이 담당하지만 대졸여성도 취업 가능한 직종

구 분	직종 및 업무
관리·사무직	전 사무직, 전산기 이용 전 사무직, 기획, 인사, 관리, 홍보, 계리, 교육, 연수, 수납관리, 외환업무, 대출업무, 자재구비, 보험심사, 보험상담, 현장관리, 창고관리, 복지담당
영 업 직	영업, 판촉, 수출관리, 현장계약, 무역업무
기 술 직	연구개발, 전산, 기술직, 부품설계, 품질관리
특 수 직	번역, 의사, 법무, 교육직, 세무담당, 열처리기사
기 타	전 직종, 전 직무, 출장이 빈번하거나 육체적으로 과중한 업무를 제외한 전 직종

(한국여성개발원 자료)

부록 8

각종 자격시험 문의처

자 격 종 목	시 행 청	문 의 전 화	
사 법 시 험	국　　　가	총무처 고시1과	(720-4343)
행정고등고시	〃	〃	
경 찰 직	경찰종합학교	경찰청 교육과	(313-0587)
7·9급 공무원	국　　　가	총무처 고시1과	(720-4343)
국가기술(사무관리)	대한상공회의소	기 능 보 급 과	(243-0982)
판 매 사	〃	〃	
무 역 영 어	〃	〃	
세 무 회 계	〃	〃	
공 인 회 계 사	재 무 부	한국공인회계사협회	(734-6647)
감 정 평 가 사	건설부 토지정책과	감정평가사협회	(521-0900)
세 무 사	재무부 소득세제과	한국세무사회	(521-9451)
관 세 사	관 세 청	관세청 총괄징수과	(521-0011)
보 험 계 리 인	한국보험감독원	손 해 보 험 부	(399-8000)
손 해 사 정 인	한국보험감독원	손 해 보 험 부	(399-8000)
경 영 지 도 사	한국경영기술지도사회	한국경영기술지도사회	(569-8122)
변 리 사	특 허 청	지 도 과	(568-8151)
공 인 노 무 사	노 동 부	근 로 기 준 과	(503-7171)
증 권 분 석 사	증 권 협 회	분 석 사 협 회	(783-5391)
공 인 중 개 사	건 설 부	토 지 관 리 과	(503-7171)
영 양 사	국 립 보 건 원	고 시 과	(380-1631)
위 생 사	〃	〃	

자 격 종 목	시 행 청	문 의 전 화	
정 보 보 처 리 사	한국산업인력공단	민 원 실	
조 리 사	〃	〃	(715-3212)
식품제조가공기사	〃	〃	
텔 렉 스	〃	〃	
의 류 기 사	〃	〃	
관 광 종 사 원	한국관광공사	관 광 교 육 원	(545-5040)
자 격 증 갱 신	대한상공회의소	기 능 보 급 과	(243-0982)
초등학교(준교사)	각시도교육위원회	초 등 교 직 과	(399-9114)
중등학교(준교사)	〃	중 등 교 직 과	(399-9114)
유 치 원 교 사	〃	초 등 교 직 과	(399-9114)
한국방송통신대학	〃	교 무 과	(740-4114)
개 방 대 학	〃	교 무 과	(972-0561)

부록 9

여성이 많이 응시하는 국가 기술자격 종목

1) 기술계

순위	종 목 및 등 급	전 체 수	여 성 수
1	정보처리 2급	23,214명	10,070명
2	정보처리1급	16,572명	5,367명
3	건축1급	16,433명	935명
4	산업안전2급	12,132명	150명
5	전기2급	11,825명	35명
6	건축2급	11,481명	2731,029명
7	토목1급	10,259명	26명
8	전기1급	10,245명	13명
9	환경1급	10,158명	1,762명
10	환경2급	9,647명	2,555명
11	전기공사2급	9,321명	19명
12	산업안전1급	8,592명	87명
13	전기공사1급	7,901명	16명
14	품질관리1급	6,774명	273명
15	품질관리2급	6,604명	396명
16	토목재료시험1급	4,923명	10명
17	기계1급	4,369명	5명
18	측지2급	3,226명	41명
19	건설기계1급	3,198명	3명
20	전자계산기조직응용2급	3,156명	827명
21	지적2급	3,122명	167명
22	지적1급	3,011명	36명
23	건설안전1급	2,838명	7명
24	토목2급	2,825명	42명
25	전자2급	2,795명	42명
26	건설기계2급	2,666명	24명

(1989년 기준)

순위	종 목 및 등 급	전 체 수	여 성 수
27	유선설비2급	2,550명	64명
28	측지1급	2,305명	8명
29	열관리1급	2,289명	7명
30	기계2급	2,232명	12명
31	식품제조가공2급	1,915명	1,022명
32	공기조화 및 냉동기계2급	1,838명	17명
33	무선설비2급	1,811	38명
34	유선설비1급	1,700명	10명
35	전자계산기조직응용1급	1,624명	243명

2) 기능계(서비스계 포함)

순위	종 목 및 등 급	전 체 수	여 성 수
1	2급미용사	58,535명	54,880명
2	정보처리2급	53,436명	22,977명
3	전자기기2급	53,420명	1,550명
4	자동차정비2급	48,301명	97명
5	2급조리사	40,318명	22,843명
6	지게차운전2급	37,642명	25명
7	전기용접2급	35,040명	38명
8	음향영상기기2급	30,408명	610명
9	열관리2급	28,771명	84명
10	굴삭기운전2급	28,309명	23명
11	전기공사2급	26,176명	27명
12	선반2급	25,974명	30명
13	위험물취급2급	25,074명	468명
14	기계제도2급	23,166명	141명
15	담금질2급	17,750명	12명
16	전기기기2급	17,549명	25명
17	무선설비2급	17,076명	238명
18	유선통신선로2급	13,819명	348명
19	고압가스화학2급	13,641명	1,027명
20	전화교환2급	13,536명	13,476명

순위	종 목 및 등 급	전 체 수	여 성 수
21	건축제도2급	11,964명	318명
22	고압가스냉동	11,579명	30명
23	원동기시공2급	10,974명	16명
24	측량2급	10,912명	19명
25	유선통신기계2급	7,990명	196명
26	고압가스취급2급	7,719명	441명
27	가스용접2급	7,294명	8명
28	고압가스기계2급	7,287명	50명
29	인쇄통신2급	7,145명	5,957명
30	토목재료시험2급	6,854명	7명
31	건축배관2급	6,476명	3명
32	밀링2급	6,080명	3명
33	로우더운전2급	5,638명	4명
34	전자계산기2급	5,350명	296명
35	자동차검사2급	5,198명	12명
36	화학분석2급	4,694명	139명
37	조적2급	4,654명	4명
38	자동차기관보	4,199명	23명
39	2급미용사	3,906명	244명
40	자동차정비1급	3,788명	2명
41	건축도장2급	3,696명	84명
42	원예종묘2급	3,485명	619명
43	기계조립2급	3,467명	2명
44	토목제도2급	3,384명	3명
45	일반판금2급	3,381명	3명
46	열처리2급	3,201명	—
47	기계가공1급	2,950명	—
48	주물조형2급	2,862명	3명
49	목형2급	2,807명	4명
50	불도저운전2급	1,849명	1명

부록 10

미국의 100대 인기직업 순위조사 분석표

(A-최우수, B-우수, C-양호, D-보통, F-열악)

순위	직 종	연간수입 (달러)	직업 안정도	사회적 신분	직업 만족도	올해 전망	향후14년간 성장전망(%)
1	생 물 학 자	64,531	C	A	A	C	34
2	지 질 학 자	70,560	D	C	A	A	22
3	내 과 의 사	315,000	C	A	D	C	34
4	수 학 교 수	67,936	D	A	C	B	19
5	고 교 교 장	67,701	D	C	C	B	24
6	사 회 학 자	67,936	D	C	A	B	11
7	약 사	53,968	D	C	C	A	21
8	도 시 설 계 사	66,600	D	D	A	F	19
9	토 목 기 사	62,280	C	C	A	F	30
10	수 의 사	107,670	D	C	C	B	31
11	항공엔지니어	75,325	D	A	A	F	20
12	화 학 자	67,994	D	A	A	C	16
13	전 기 기 사	69,322	C	C	A	C	34
14	은 행 간 부	70,418	D	C	A	B	28
15	고 교 교 사	48,773	C	C	D	D	34
16	변 호 사	105,628	C	A	C	D	35
17	장 교	45,657	F	C	D	F	-25
18	치 과 의 사	116,550	D	A	C	D	12
19	국 교 교 사	46,465	D	C	B	B	23
20	건 축 기 사	58,759	D	A	C	B	24
21	조 각 가	41,097	D	D	B	B	32
22	조 종 사	107,071	C	A	D	B	34

(1991년 기준)

순위	직 종	연간수입 (달러)	직업 안정도	사회적 신분	직업 만족도	올해 전망	향후14년간 성장전망(%)
23	관현악단원	61,472	B	C	D	D	9
24	도서관사서	46,753	B	D	C	F	11
25	구매관리인	82,886	D	C	C	C	20
26	영화감독	74,805	D	D	B	B	41
27	장 의 사	32,924	A	D	A	B	17
28	경정(경찰)	57,893	D	C	D	D	21
29	심리학자	58,239	A	C	C	D	64
30	관 세 사	80,115	B	C	D	D	7
31	전산분석가	54,834	A	C	D	C	79
32	구강위생기사	43,001	C	D	C	D	41
33	디자이너	70,014	D	D	D	B	24
34	성 직 자	44,733	D	C	D	F	9
35	상업미술가	41,097	D	D	D	D	32
36	경제학자	75,555	B	C	C	B	21
37	유치원교사	40,635	D	D	B	B	41
38	사법서사	45,541	A	D	D	B	85
39	재정기획가	144,935	D	D	D	D	34
40	실내장식가	51,929	D	B	C	F	34
41	산매상인	50,101	B	D	D	B	21
42	실험실기사	39,423	D	C	D	C	24
43	비 서	29,610	B	B	D	F	15
44	광고사간부	83,290	C	C	D	C	47
45	인사매니저	68,802	D	D	C	B	32
46	작 가	57,489	D	D	D	D	26
47	여행사직원	28,860	C	B	B	B	62
48	부 기 사	28,975	F	B	D	F	-6
49	경영자문업	82,309	C	C	D	C	52
50	물리요법사	44,560	A	C	F	A	76

순위	직 종	연간수입 (달러)	직업 안정도	사회적 신분	직업 만족도	올해 전망	향후14년간 성장전망(%)
51	주 부	0	C	D	D	B	0
52	공 인 간 호 사	47,504	C	C	B	A	44
53	재 단 사	29,033	D	B	D	B	18
54	타 이 피 스 트	27,359	F	B	D	C	−11
55	은행금전출납계원	24,185	F	B	D	B	−5
56	회 계 원	53,160	D	C	D	D	34
57	TV뉴스리포터	58,188	B	C	B	B	20
58	공 인 간 호 사	29,379	C	C	B	A	42
59	삼 림 감 사 원	32,150	B	D	D	F	8
60	여 관 업 자	57,951	D	B	D	B	34
61	중 장 비 기 사	46,580	D	D	D	D	11
62	소 방 관	44,444	D	D	B	B	24
63	보 험 대 리 점	61,241	D	B	C	B	20
64	사 회 사 업 가	42,193	D	D	B	F	34
65	배 우	74,805	D	D	B	B	41
66	건 축 감 독 자	51,429	C	D	B	D	33
67	사 진 가	43,117	D	B	B	B	22
68	배 관 공	48,196	D	B	D	D	21
69	컴 퓨 터 수 리 가	51,313	A	D	B	D	60
70	트 럭 운 전 사	41,385	D	F	D	D	24
71	항 공 승 무 원	25,948	A	B	D	F	59
72	호 텔 매 니 저	71,573	D	D	B	B	33
73	공 보 관	68,398	B	D	D	C	19
74	농 부	33,593	D	D	B	F	−21
75	로 비 스 트	89,000	C	B	D	B	47

순위	직 종	연간수입 (달러)	직업 안정도	사회적 신분	직업 만족도	올해 전망	향후14년간 성장전망(%)
76	기 계 제 작 공	42,193	D	B	B	D	10
77	자 동 차 수 리 공	37,403	D	F	B	D	22
78	목　　　　수	41,212	B	B	B	B	14
79	부 동 산 업 자	77,980	B	B	B	B	18
80	라 디 오 비 평 가	82,555	B	B	B	B	20
81	미　용　사	23,665	D	F	D	B	24
82	용 접 공	38,961	B	B	B	B	4
83	언 론 인	57,489	B	C	F	B	20
84	진 료 보 조 사	40,289	D	C	F	C	30
85	전 화 교 환 원	29,033	F	F	B	F	-32
86	식 당 요 리 사	21,010	D	F	B	B	36
87	주 식 중 개 인	106,493	D	D	B	D	40
88	전자계산기판매원	46,753	B	F	B	B	24
89	집 배 원	38,211	D	B	F	B	24
90	광 고 판 매 원	58,990	B	F	B	D	23
91	경 리 원	21,876	B	F	B	D	26
92	의 복 판 매 원	25,455	B	F	B	B	24
93	측 량 기 사	40,981	B	D	B	F	14
94	웨 이 터	20,317	B	F	B	B	26
95	간이음식점지배인	29,206	D	B	F	D	33
96	건 설 노 동 자	36,364	F	F	F	C	15
97	정 육 점 경 영 자	33,362	F	F	D	F	-6
98	쓰 레 기 수 거 인	27,590	F	F	F	B	4
99	자 동 차 외 판 원	52,641	B	B	F	B	24
100	택 시 운 전 사	36,999	D	F	F	D	29

부록 11

일본의 90년대 유망직종

1. 정보·통신분야와 관련된 직종

유 망 직 종	내 용
기업정보 데이터 서비스직	기업정보를 쉽게 찾을 수 있도록 각종 데이터의 검색 기능 강화
소비자 동향조사 서비스직	전국적인 소비자 앙케이트 조사 서비스
퍼스컴(PC)통신을 이용한 법률상담직	법률사무소의 고객을 퍼스컴으로 연결하는 법률상담
해외 치안정보 서비스직	해외의 치안정보를 대기업, 관광회사 등에 제공
미국의 상업시설 자료 서비스직	미국의 상업, 위락시설에 대한 주료자료를 사진으로 제공
기업자료의 안전 경제적 수송 서비스	컴퓨터 데이터 같은 중요자료나 긴급자료를 비밀을 보장하고 안전하게 수송대행

2. 컨설팅 분야와 관련된 직종

유 망 직 종	내 용
미술관 설립 서비스직	기업 및 단체들의 개성적 미술관 설계나 운영을 돕는 서비스
병원 경영 상담직	병원 관련 정보 및 경영진단 등에 대한 상담 서비스
건축물 시장동향 조사 서비스직	빌딩 등을 건축할 때 시장동향에 대한 조사 서비스 제공

3. 인재관련 분야의 직종

유 망 직 종	내 용
인재 파견 서비스직	한국이나 서독에 전문적인 기술이나 지식을 가진 인재를 파견
인재 개발 서비스직	호텔, 병원 등의 종사자를 위한 교육 서비스를 대행
사장 후보 교육 서비스	중소기업의 창설, 후계자를 위한 교육 서비스 제공
골프장 캐디 인력파견 서비스	골프장과 계약을 체결하여 젊고 매너 좋은 캐디를 일괄 소개 및 파견
관리자 및 기술자 인재 은행	중견, 중소기업의 관리자 수요에 부응 하기 위한 관리자, 기술자 파견 및 교육연수 서비스 제공

4. 문화·레저 분야의 직종

유 망 직 종	내 용
골프 및 각종 운동 가능한 목욕탕 서비스직	목욕탕의 옥상에 각종 운동기구를 대량 구비, 무료 서비스 제공
스킨 스쿠버 동호인 서비스	수시로 이론수업을 실시하고 월 1회 실기를 통한 기술 서비스 제공
소련 회화전문점 특급 객실열차 서비스	소련의 그림, 조각작품만 전문으로 취급 철도여행의 고급화를 위해 호화 1인용 객실구비
골프장 엔트리 전문 서비스	골프장 예약전문 대행 서비스

5. 식생활 개선과 관련된 직종

유 망 직 종	내 용
어육 무료가공 서비스직	소비자가 지켜보는 상태에서 가공 조리하는 코너를 개설
건강식, 치료식, 예방식 배달 서비스직	노인이나 환자를 위한 최적의 메뉴를 가정에 직접 배달
싱가폴에 일본음식 배달 서비스	일본 기업들이 많이 진출해 있는 싱가폴에 일본식 음식을 전문적으로 제공
남성 요리교실	직접 요리하기를 희망하는 남성들의 요구에 부응하여 요리강습을 실시
고급 도시락 예약판매 서비스	잔치집 등의 수요에 맞춰 고급 도시락, 샌드위치를 대량으로 예약판매

6. 의료복지 · 건강분야의 관련된 직종

유 망 직 종	내 용
가정용 의료기구 임대 서비스직	의료기구 임대계약자와 회사가 통신회선으로 연결하여 서비스 제공, 24시간 대기
과학적인 의료체계의 헬스클럽 서비스	헬스클럽에 상주하는 의사가 개개인 회원에 맞는 내용으로 건강지도, 영양상담, 혈액검사 등을 실시
노인, 장애자 전용 관광버스 서비스	좌석을 자유롭게 움직이고 공간조절이 가능한 고급 버스로 관광사업 실시
노인 보호 보험 서비스	노인들을 보호인이 보호하는 서비스

7. 교통·수송배달과 관련된 직종

유 망 직 종	내 용
헬리콥터 조종사 양성 서비스	헬리콥터의 수요가 매년 140~15대로 증가함에 따라 조종사 양성시설을 마련하여 제공
헬리포트 건설사업	절대 부족한 헬리포트의 적지를 선정하여 건설
당일 배달의 급송우편	오토바이와 항공편으로 당일 배달의 서비스 제공
해상 주차장 서비스	자동차 전용선을 개조하여 일본 최초로 요코하마에 해상 주차장을 개업
레스토랑에서 항공권 발매 서비스	항공권 판로 확대를 위해 레스토랑과 제휴하여 항공권 판매
헬리콥터 공동이용 클럽 서비스	200명의 회원이 헬리콥터를 집단으로 소유
해외 토산품 가정 배달 서비스	미국 시카고점과 제휴하여 일본 여행자가 구매한 상품을 일본의 가정으로 배달하는 서비스

8. 교육과 관련된 직종

유 망 직 종	내 용
미국 대학 석사과정 입학 대행 서비스	미국 조지타운대학의 석사과정을 일본에 개설
미국대학 유학알선 서비스	디자인, 비서학, 호텔경영 등을 미국대학에 유학 알선

9. 각종 대행업무와 관련된 직종

유 망 직 종	내 용
신약 임상시험 대행 서비스	일본 제약회사들의 미국 현지에서의 신약 판매 인가에 필요한 임상시험 총괄 대행
포스터 부착 대행 서비스	영화, 연극 등의 포스터를 다방이나 스낵코너등에 부착 대행 서비스
어육 검사 서비스	미국 등 어육 생산업자의 품질관리를 도와주는 서비스 제공
일본의 상관습, 법률 등의 번역 서비스	일본의 복잡한 계약문서 등을 영어로 번역
제트엔진의 터빈 날개 보수 서비스	제트엔진의 부품 등을 보수

10. 기타 분야의 직종

유 망 직 종	내 용
외식 관련 서비스	· 골프장 레스토랑 위탁경영 · 센트럴 키친센타 개설
재산증식 서비스	· 미국 쇼핑센타 소유권 분할판매 · 인공지능에 의한 자산운용 서비스
생활 관련 서비스	· 쇼핑 대행 · 전기·가스요금 수납
생활정보 서비스	· 청소 대행 · 다이알 Q²를 돌려라

(『다이아몬드(タイアモンド)』지 발표)

부록 12

컴퓨터 통신을 이용한 동호회 안내

컴퓨터의 기술적 발달에 따른 정보통신 서비스의 내용은 시간과 공간의 제약을 뛰어 넘어 이용자의 다양한 욕구에 해결책을 제시해주고 있다.

컴퓨터 통신서비스는 데이터 베이스와 전자게시판, 홈쇼핑과 홈뱅킹 등으로 분류하여 활용되는데 여기에서는 컴퓨터 통신서비스를 이용한 소모임을 소개한다. 다음은 PC통신 하이텔에 개설된 동호회와 데이콤의 천리안에 개설된 동호회이다.

1. HiTEL 동호회

1994년 1월 기준 동호회 분류

분　류	동　호　회　명	INDEX
사회/종교	난초에 사랑	ORCHID
	두리하나	REHAB
	물망초	FGMN
	바른통신모임	BARUN
	대중매체 모니터링	DJMON
	컴퓨터선교회	KCM
	하늘나라	HANUL
	불교동호회	BUD
	자연사랑	RLOV
	증산도동호회	JSD
	지팡이	POLICE
생활/가정	애완동물동호회	PET
	부부사랑회	BUBU

분 류	동 호 회 명	INDEX
문학/예술	애니메이트	ANI
	시네마천국	CINE
	실루엣	PHOTO
	시사랑	POEM
	연극동호회	DRAMA
	글나래	GLNARE
	무림동	MURIM
	이야기나라	STORY
	과학소설	SF
	환타지	FNTSY
	만화창작동호회	CCC
	미술사랑	MSSR
	패션디자인동호회	FDSIG
	광고동호회	ADVER
	하이텔대중문화동호회	HDD
음악/영상	고전음악	CLASSIC
	소리모꼬지	MOKOGY
	셈틀가락	ADLIB
	메틀동	METAL
	크리스챤뮤직	CCMG
	소리샘	SORI
	언더 그라운드뮤직	UNDER
	뮤직매니아	MANIA
	소리로의 여행	VIMS
	하이파이	HIFI
	AV동호회	AV
	비디오카메라동호회	VICA

분 류	동 호 회 명	INDEX
취미/오락	개오동	KGA
	시뮬레이션	SIMUL
	고전게임	CGAME
	바둑동호회	BADUK
	작은세상	LITTLE
	별사랑	STARS
	게임기동호회	GAMER
레저/여행	당구기동호회	BILL
	산사랑	SAN
	세계로가는기차	TRAIN
	요술여행	ALADIN
	컴레동	COMLE
	낚시동	HOOK
	서바이벌	SGA
	나그네사랑	NAGNE
	달구지	DALGUJI
스포츠	스키동호회	SKI
	스노우보드SKB	BOARD
	볼링동호회	BOWL
학술/교육	고적답사동호회	TOMO
	영어동호회	KEC
	통계연구	STAT
	역사동우회	ASIA
	법촌	BUB
	통합과학	PHIL
	한글사랑	DASOM
	전산전문동호회	CAPS
	선생님들의 작은 공간	PEDAGOGY
	에스페란토	ESKOM

분 류	동 호 회 명	INDEX
경제/경영	증권사랑	SIS
	MIS동호회	MIS
	경제경영연구회	NASKEDA
과학/기술	지구사랑	EARTH
	생명	BIO
	인공지능	AINTEL
	과학동호회	KSC
	엔지니어스	ENGR
	음성연구동호회	SPEECH
	디지탈동호회	DIG
건강/의료	한의사통신	HANBANG
	한길치학	ONEWAY
	공중보건의사통신	PHDCC
	약사통신	PCA
	가정의학	FAMLI
	예방의학/통계	PREMED
	전국의대모임	MEDICAL
컴퓨터 일반	OS동우회	OSC
	바이오스	BIOS
	매킨토시	GOMAC
	MSX의 천국	PARA
	새싹동호회	BEGINN
	컬러랜드	CLAND
	캐드동호회	CAD
	한국컴퓨터사용자모임	HSM
	컴퓨터출판동호회	DTP
	셈글동호회	SEMGL

분 류	동 호 회 명	INDEX
컴퓨터 프로그래밍	소프트웨어동호회	SOFT
	두루물	MUL
	클립데이타	CLIP
	하늘소	HANULSO
	한글프로그래밍동호회	HANPRO
	게임제작동호회	GMA
통 신	아마추어무선	HAM
	국제컴퓨터통신연구	ICCRA
	풀뿌리동호회	PBRI
	통신사랑모임	LOVE
친 목	BOSS동호회	BOSS
	한사랑	HSR
	따또리	DDRI
	직장인동호회	JSIG
	견우회	AODS
	쉼터	TING
	해변스케치	SEASIDE
	삼동회	SAMDONG
지 역	까치멀	GGACHI
	능금골	APPLE
	양반고을	YGD
	충남컴퓨터동호회	CCUS
	부천인천지역	PICA
	빛고을	PINK

분 류	동 호 회 명	INDEX
지 역	안양군포통신	AGCA
	가고파	GAGOPA
	너섬	YOUIDO
	오륙도	ORYUK
	강원동호회	KANG
	서초구 사랑 모임	SEOCHO
학 교	실다이	SILDAI
	한울타리	ULTARI
	대학전산인연합	NCA
	전국대학	UNICOSA
	인하대통신	INHA
	청심대	OXEN
	한남PC동호회	HNPC
	광운대통신	KWU
	석탑	TIGER
	백양로	YONSEI
	푸른메	PRM
	방송대통신	KACUPC
	북악골	BUKAK
	버들골	SCCR
	한양대통신동호회	HANYANG

2. 천리안 동호회

분 류	동 호 회 명	I N D E X
PC통신 (NETWORK)	초보자의뜰동호회	START
	하늘소와함께동호회	HNS
	NETWORK USER동호회	NET
	한국PC통신연합회	KPC
	큰사람동호회	KSR
	통신사랑모임동호회	TSM
	HOST동호회	HOST
컴퓨터 (COMPUTER)	PC WARE동호회	PCWARE
	S/W동호회	SW
	사운드카드동호회	SCC
	NICE동호회	NICE
	UNIX동호회	UNIX
	BIOS동호회	BIOS
	사무자동화	OA
	바이러스동호회	PCVIRUS
	꿈틀동호회	MUG
	전산이론동호회	COM
	컴퓨터소그룹동호회	COMGO
	컴퓨터출판동호회	DTP
	프로그램뱅크	PBANK
	셈말동호회	SMAL
	XBASE동호회	XBASE
	동호회운영자협의체	SYSOP
취미/오락 (HOBBY)	게임동호회	GAME
	사진동호회	PCMAN
	아마추어무선동호회	HAM
	애니메이트동호회	ANI
	아트미디어동호회	AM

분 류	동 호 회 명	INDEX
취미/오락 (HOBBY)	꿈의동산동호회	DREAM
	자동차동호회	CAR
	당구동호회	BILLARD
	칼라랜드동호회	CLAND
	환상빌리지	FANTA
	바둑동호회	BADUCK
	AV동호회	AV
	시뮬레이션동호회	SIMUL
	대화오락동호회	OLAK
	장군멍군골〔장기〕	JANG
	레크레이션동호회	SPC
	무림동호회	MURIM
	우표동호회	STAMP
	만화창작동호회	COMIC
문 화 (CULTURE)	SF동호회	BNW
	한글동호회	HAN
	심리학동호회	SIM
	문학동호회	LITER
	방송인동호회	BRICK
	TV Mania동호회	TV
	추리문학동호회	CHURI
	사회학동호회	XCY
	꿈돌이동호회	EXPO
	신문모니터동호회	PP
	식도락동호회	EAT
	상식동호회	SENSE
	우리말글사랑동호회	KLW
	차마을동호회	TEA
	로맨스동호회	RMC
	뮤지션동호회	MSCN

분 류	동 호 회 명	INDEX
예 술 (ARTSIG)	두레마을	MUSIC
	샘틀소리	SEMTLE
	영화동호회	SCREEN
	연극동호회	THEATRE
	아름누리	ARI
친 목 (FRIEND)	21세기마을	TOWN21
	직장인동호회	JSIG
	사회인동호회	SOCIAL
	사랑방동호회	LOVE
	만남동호회	DURI
	쥐띠동호회	MOUSE
	사랑마을동호회	SHM
	견우동호회	KUN
	ROTC동호회	ROTC
	한우동호회	HANWOO
	신천지동호회	SCG
	작은별동호회	STR
	10대동호회	TEN
생활/가정 (LIFESIG)	한우리방	FUTURE
	다솜방	JUNIOR
	한가족동호회	FAMILY
	사계절동호회	SEASON
	주부동호회	JUBU
	꽃들에게 희망을	HFTF
	모두하나동호회	HANA
	잉꼬부부동호회	INKO
	원로통신동호회	SENIOR

분 류	동 호 회 명	I N D E X
스포츠/레져 (LEISURE)	볼링동호회	BOWL
	태공터	FISH
	탁구동호회	PIN
	야구동호회	HOME
	컴퓨레저동호회	COMLE
	WIND-SKI동호회	WINKI
	한백오름동호회	HAC
	항공스포츠동호회	SKY
	바이크동호회	BIKE
	서바이벌동호회	SUR
	농구동호회	BBC
	여행동호회	TOUR
교육/종교 (EDUCATION)	Consultant동호회	CCC
	컴퓨터선교회동호회	KCM
	불교동호회	BUD
	자유학교	FREE
	일본어동호회	JAPANESE
	가톨릭동호회	CATH
	교사동호회	CHAM
	교육상담연구동호회	EDUGUIDE
	한국교회지도자동호회	LIGHT
	원불교동호회	WON
	중국어동호회	CHINA
	영어동호회	ENG
전문/학술 (SPEC)	증권동호회	PCSTK
	모두(Medical Oriental Dental doctors Union)	MODU
	과학그린비	GREEN
	문법이론연구모임	GTA

분 류	동 호 회 명	INDEX
전문/학술	천문학동호회	COSMOS
(SPEC)	발명동호회	INVENT
	CAD동호회	CMC
	수학동호회	MATH
	건축동호회	BUILT
	도시/환경동호회	CITY
	현대철학동호회	PT
	공간사랑동호회	SPLOVE
	EEC & 자동화동호회	EEC
	재테크동호회	JTC
	역사동호회	HIS
	법률평론동호회	VENIS
	타임지동호회	TIME
	디지탈동호회	DIG
	달구벌동호회	DAL
	설악동호회	EAST
	충청동호회	CHUNG
지 역	한라동호회	CHEJU
(COUNTRY)	까치멀동호회	GGACHI
	부산·경남통신동호회	BUSAN
	서울서초구사랑모임	SSM
	인천동호회	INCH
	서울/경기동호회	CAPITAL
	섬사랑동호회	ISLAND
	강릉대통신동호회	KNNU
캠퍼스(가-사)	강원대통신동호회	KWNU
(CAMPUSI)	건국대동호회	OXKKU
	경북대통신동호회	KNU
	경희대통신동호회	KHU

분 류	동 호 회 명	INDEX
캠퍼스(가-사) (CAMPUS 1)	고려대통신동호회	TIGER
	관동대통신동호회	PINETREE
	광운대통신동호회	KWU
	단국대통신동호회	DKU
	부산대통신동호회	PNU
	부산수산대학교동호회	FU
	삼척산업대학동호회	SAM
	성균관대통신동호회	SKK
	숭실대학교동호회	SSD
	서강대학교동호회	SGU
	숙명여자대학동호회	SOOK
캠퍼스(아-하) (CAMPUS 2)	연세대통신동호회	YONSEI
	인하대통신동호회	INHA
	이화여자대학동호회	EWHA
	원광대통신동호회	WKU
	중앙대동호회	CAU
	전북대통신동호회	CBNU
	장로회신학대학동호회	JSC
	전국한의과대동호회	HANI
	충남대동호회	CNU
	한양대통신동호회	HANYANG
	한국외대동호회	FSCC
	홍대미대동호회	HUAC
중고교등 (CAMPUS 3)	경기고교통신동호회	KKHI
	속초상고통신동호회	SSCC
	상문/은광동호회	SMEK
	경기전산원동호회	KCU
	중고등학생동호회	BARI

21세기 여성의 컴퓨터 직업찾기

1994년 2월 25일 초판발행
1994년 7월 5일 2쇄발행

저자와의
협의아래
인지생략

지은이/신정애
펴낸이/이화순

펴낸곳/(주)현민시스템
주 소/서울시 서초구 양재동 8-8 동화빌딩 2층

전 화/529-8727~9, 529-6030
팩 스/529-6036

인 쇄/신양사
등 록/1992. 2. 24 제16-509호

정가 5,500원
ISBN 89-7805-301-7